NUR PINARI

Önsöz

İnsan ve çevresine yönelik bir çalışma ilmi kurallar çerçevesi dışına taşmadığı müddetçe kabul edilirliğini koruyacaktır. Genel kabul görmüş mevcut ilmi kurallar ise, her türlü faydalı çalışmalara bir kalite ve seviye standartı sunmaktadır.

Durum böyle olunca, ben de bu kitabın muhtevasındaki konu ile karanlığa bir mum yakarak, insanlara faydalı olacak bir çalışma sergilediğimi düşünüyorum.

Risale-i Nurlarla tanıştığım yetmişli yıllardan beri onu tanıma ve istifade etme gayreti içerisinde oldum. Çünkü anladığım kadarıyla bu devasa Kuran tefsirini diğer klasik tefsirlerden ayıran önemli farklılıklar var... Ben o farklılıklara burada girmek istemiyorum. Ama o müthiş eserden kesitler sunarak okuyucularla bu güzellikleri "Nur Pınarı" eserimde paylaşmak istedim.

Ben, Bediüzzaman'ın bu muhteşem ve harika Kuran tefsiri Risale-i Nur eserlerinin günümüz Türkçesiyle tüm insanların istifadesine sunulmasını çok lüzumlu görüyorum. Tıpkı Hz. Mevlana, İmam Gazali ve İmam Rabbani hazretlerinin eşsiz eserlerinde olduğu gibi..!

Bu bağlamda Risale-i Nur Külliyatı hemen hemen her yabancı dile tercüme edilirken, ağırlıklı Osmanlıca, Farsça ve Arapça kavram ve kelimelerden ibaret olan eserleri günümüz Türkçesine tercüme edemiyorsunuz...

İşte ben bu takıntıyı aşarak bu denememle, kendimce, külliyattan esinlenerek, bir küçük numune sunmaya çalıştım. Umarım faydalı olmuştur.

İçindekiler

Giriş 7
Bediüzzaman 9
  DOĞUMU VE GENÇLİĞİ 9
  İSTANBUL'A İLK YOLCULUĞU 14
  31 MART OLAYI VE BEDİÜZZAMAN 18
  İSTANBUL'DAN VAN'A DÖNÜŞÜ 22
  İSTANBUL'A İKİNCİ GİDİŞ 24
  TEKRAR VAN'A DÖNÜŞ 25
  BİRİNCİ DÜNYA SAVAŞI VE ESARET 27
  BEDİÜZZAMAN'IN ÜYE OLDUĞU CEMİYETLER 29
  BEDİÜZZAMAN ANKARA'DA MECLİSTE 33
  ANKARA'DAN AYRILIYOR 35
  YENİ SAİD DÖNEMİ 37
  SÜRGÜN HAYATI BAŞLIYOR 39
  BARLA HAYATI 41
  ESKİŞEHİR HAPİSHANESİ 44
  KASTAMONU HAYATI 46
  DENİZLİ HAPİSHANESİ 47
  EMİRDAĞ HAYATI 50
  AFYON HAPİSHANESİ 52
  İKİNCİ KEZ EMİRDAĞ'INDA 54
  İSTANBUL MAHKEMESİ 55
  ISPARTA HAYATI 57
  SON YOLCULUK URFA'YA 59
  RİSALE-İ NUR NEDİR? 61
Misafir 66
Peygamberler 80
Saadet Asrı 93
  İSLÂM ÖNCESİ ARABİSTAN 93
  HZ. MUHAMMED'İN PEYGAMBERLİK ÖNCESİ HAYATI 95
  İSLÂM'IN MEKKE DÖNEMİ 97

İSLÂM'IN MEDİNE DÖNEMİ 99
HUDEYBİYE VE SONRASI 100
HZ. PEYGAMBER'İN AHLÂKÎ ŞAHSİYETİ-AİLE HAYATI-SİYASÎ VE ASKERÎ KİŞİLİĞİ 102
HZ. PEYGAMBER'İN EŞLERİ VE EV HAYATI 109
HZ. PEYGAMBER'İN ÇOCUKLARI 111
HZ. EBÛ BEKİR 114
HZ. ÖMER 116
HZ. OSMAN 117
HZ. ALİ 119
HZ. HASAN 122

Kuran'ın Mânevi Mucisesi 127
Kainat Kitabı 137
Yaratıcı'yı İsim ve Sıfatlarıyla Tanımak 142
Sonuç 147

NUR PINARI

Sahibini Arayan Gezgin

Zeynel Abidin Zorbulut
İLAHİYATCI YAZAR

Giriş

Konu insan olunca, kendinizi çok zengin ve renkli bir platformun ortasında bulabiliyorsunuz. İnsan gerçekten de çok kapsamlı ve çok boyutlu bir yaratılışa sahiptir. Yirmi birinci yüzyılın baş döndürücü teknik ve teknolojisi dahi, onu keşfetmek için henüz yeterli donanıma ulaşamamıştır. Bu ifade insan hakkında söylenmiş abartılı bir yaklaşımı da çağrıştırabilir... Ancak insan hakkında yapılmış bu ve benzer değerlendirmelerin realitelerle örtüştüğünü, onu ve çevresini araştırmaya başladığınız zaman, anlama imkanını kısmen de olsa yakalamış oluyorsunuz. İşte insan aslında yapı itibariyle böyle kompleks bir kapıya açılan evren içinde bir evrendir.

Bir de insan, dünya ve evren (kainat) bağlamında ele alındığında hemen daha ilk bakışta bir uyumluluk göze çarpmakta olduğunu gözlemliyebilirsiniz. Sanki her şey onun için ve onun rahatı için düşünülmüştür. Varlık, varoluş onsuz bir anlam ifade etmiyor. Her şeyin merkezinde o var... Her şey sanki onun için hareket edip etrafında dönüyor. Onunla her şey anlam buluyor. Böyle olunca dünya misafirhanesine teşrif eden her insanın aklına gelen ve tüm akılları meşgul eden şu sorularla muhatap oluyorsunuz: Ben kimim? Nereden geldim? Niçin buradayım ve nereye gidiyorum? Bu sorular zincirine bir halka daha ekleyerek: Bu umumi sevkiyatı tüm gel gitleriyle kim organize ediyor? Kimin kontrolünde bu kadar masraflar yapılıyor ve niçin?

İnsanın dünyada varolduğu ilk günden günümüze kadar bu sorulara yanıt aranmış ve üzerinde çok yönlü araştırmalar yapılmıştır. Zihinler bu sorularla meşgul olmuş ve varoluşun sırlarını çözebilmek için kitaplar yazıp teoriler geliştirmişlerdir. İnsanı yakından ilgilendiren bu sorulara *"Kitap ve Sünnet"* çerçevesinde ve günümüz şartlarında en makul cevap bulanlardan birisi de Bediüzzaman'dır. Ayrıca kendi çağdaşları arasında usulüddin ve ilm-i kelâm[1] sahasında çığır açmış, önemli bir farkındalığa sahip, Bediüzzaman'ın doğru bilinmesi kaçınılmazdır.

Malum soruların cevabına ve mevzunun boyutlar üstü tahliline geçmeden bu zâtı, yani Bediüzzaman'ı tanımalıyız. Onun için hayatından çok kısa kesitler sunarak büyük üstad Bediüzzaman'ı tanıtıp, sonra yolumuza devam ederken, önce insanlık kimliğimizle bütünleşip, daha sonra da Sahibi'ni arayan gezgin bir ruhun heyecanıyla sonsuzluğa açılmanın izlerini süreceğiz...

---

[1] Usulüddin, ilm-i kelâm ve akâkid İlmi, İslâm'ın inanca ait meselelerini inceleyen ilim dallarıdır.

Bediüzzaman

DOĞUMU VE GENÇLİĞİ

Bediüzzaman Said Nursi 1876'da Bitlis'in Hizan ilçesinin Nurs köyünde, yedi çocuklu bir ailenin dördüncü çocuğu olarak dünyaya geldi. Babasının adı Mirza, annesinin adı ise Nuriye'dir. Küçük yaşından itibaren ilme merak salan Said, ilk eğitimini, tahsilde olan ağabeyi Abdullah'ın izne geldiği zamanlarda, ondan aldı.[2]

Henüz çok küçükken eşya ve hadiseleri inceden inceye sorgulamaya başlayan Said, dokuz yaşından itibaren çıktığı ilim yolculuğunda bir çok ilim merkezlerine uğradı, ama hiçbir yerde uzun süreli kalmadı. Üç aylık, en uzun süreli ve düzenli eğitimini, on dört yaşlarında iken, sonradan Ağrı ilinin bir kazası olan Doğubeyazıt'taki Beyazıt Medresesi'nde, Şeyh Mehmet Celâlî'den aldı.

Bu üç aylık sürede, medrese eğitiminde yer alan kitapların yanında pek çok başka kitabı da okudu. Buradan icazetini (diplomasını) alarak Doğubeyazıt'tan ayrıldı. Said, genç yaşına rağmen klasik medrese eğitiminin sınırlarını aşan engin bir birikime sahip olmuştu.

---

[2] Risale-i Nur Külliyatı, Tarihçe-i Hayat.

Said, Doğu'daki bir çok ilim merkezlerine giderek, o dönemin medrese âlimleri (bilginleri) arasında gelenek hâlinde olan ilmî münazaralara (tartışmalara) katıldı. Keskin zekâsı ve güçlü hafızasının yardımıyla, katıldığı bütün münazaralardan başarıyla çıktı. Doğu'daki meşhur âlimlere rüştünü fiilen ispatlamış olan Said'in genç yaşta ulaştığı ilim seviyesi, herkesi hayrete düşürdü. Anlaşılması en zor konuları bile hemen kavraması, okuduğu ve incelediği kitapları bir kere okumakla ezberine alması gibi farklılıkları sebebiyle, zamanın âlimleri ona "**Bediüzzaman** *(zamanın eşsizi)*" unvanını verdiler.

Şirvan, Siirt, Bitlis ve Tillo'dan sonra 1894'te Mardin'e geçen Nursi, burada bir yandan ilmi münazaralara devam ederken, diğer taraftan da Şehide Camii'nde ders vermeye başladı. Hüriyet, meşrutiyet kavramlarını ve bu kavramlar etrafında İstanbul'da başlayan fikri ve siyasi mücadeleleri ilk kez burada duyan Nursi, bir çok sosyal faaliyetin de içinde yer aldı. Siyasetle ilgilenmeye de ilk defa Mardin'de başlayan Bediüzzaman, tartışmalarda fikrini açıklamaktan geri durmuyordu. Bulunduğu topluluklarda tartışmalara neden olan Said Nursî'yi, Mardin Mutasarrıfı, bir tedbir olarak il hudutları dışına çıkarmak zorunda kaldı.

Bitlis'e giden Bediüzzaman'ın ilmî vukufiyeti ve farklı kişiliği, Bitlis Valisi Ömer Paşa'nın dikkatini çekti. Ömer Paşa Bediüzzaman'a vilâyet konağında kalarak çalışmalarını devam ettirebilmesi için bir oda tahsis etti. Doğu ve Batı klasikleriyle beraber, fen bilimlerine ait kitapları da içinde bulunduran konağın büyük kütüphanesi, Bediüzzaman'ın fen bilimlerine ait en son bilgilere ulaşması için bir zemin oluşturdu. Bitlis vilâyet konağında geçirdiği iki yıl süresince, din ilimlerine olduğu kadar fen ilimlerine de vakıf oldu.

İki yıl kadar Bitlis'te kalan Bediüzzaman, şehrin ileri gelenlerinin, özellikle de Van Valisi Hasan Paşa'nın daveti üzerine Van'a gitti. Henüz yirmi yaşlarında olan Nursi bu tarihten itibaren yaklaşık on, on iki sene kadar Van'da ikamet etti. Ancak, devlet erkanının sohbet meclislerine sık sık katıldığı, aşiretler arası anlaşmazlıkları çözmede rol aldığı ve talebelere ders verdiği bilinmektedir.

Bediüzzaman'ın Van hayatı, Hasan Paşa'nın yerine İşkodralı Tahir Paşa'nın Vali olarak tayin edilmesi ile başka bir boyut kazandı. Musul ve Bitlis Valiliği yapmış ve II. Abdulhamid'in çok değer verdiği idarecilerden biri olan Tahir Paşa,[3] Bediüzzaman'ı kısa sürede keşfetti ve konağının kapısını ona açtı. Bediüzzaman'daki cevher ve kabiliyeti ilk keşfeden devlet adamlarından biri olan Tahir Paşa, 1913'te vefat edinceye kadar, ona her türlü imkanı sağlamayı ihmal etmedi.

Çeşitli gazete ve dergilerin de bulunabildiği konağın zengin kütüphanesi, Bediüzzaman'ın çeşitli konularda derinleşmesi için iyi bir imkân sağlamıştı. Sosyal ve siyasal gelişmeleri yakından takip eden Tahir Paşa, bunları Bediüzzaman ile sürekli paylaşıyor ve düşüncelerini alıyordu.

Tahir Paşa'nın konağı, gerek hükümet memurları, gerek yeni faaliyete geçen modern okullarda görev yapan muallimler ve diğer ilim ehli için gözde bir mekandı. Burada sık sık ilmi, siyasi münazaralar yapılırdı. Tahir Paşa, bu ilmi münazaralara Bediüzzaman'ın katılmasına ayrı bir önem verirdi.

Bu yeni çevre Bediüzzaman'ın ufkuna önemli katkılarda bulunmuştur. Özellikle geleneksel kelam ilminin, İslam hakkında fen ve felsefeden gelen şüphelere ve İslam'a yöneltilen tenkitlere cevap verme konusunda, ne kadar yetersiz kaldığını yakından görmüş oldu. Bu tahlilin bir gereği olarak, Doğu âlimlerince (bilginlerince) yeteri kadar bilinmeyen çağdaş bilimleri öğrenmenin çok büyük ihtiyaç olduğunu hissetti.

---

[3] Risale-i Nur Külliyatı, Tarihçe-i Hayat.

Bu konuda kendisini en çok cesaretlendiren de yine Tahir Paşa oldu. Molla Said, onun kütüphanesinden ve makamına gelen gazete ve dergilerden son derece istifade etti. Bir yandan tarih, coğrafya, matematik, fizik, kimya, astronomi ve felsefe alanında yazılmış kitapları okurken; diğer yandan da İslam dünyasını ve Osmanlıyı yakından ilgilendiren meseleleri ve gelişmeleri ilgiyle takip etmeye başladı.

Bediüzzaman Bitlis'te iken ezberine aldığı kırk kitaba ek olarak Van'da elli kitabı daha hıfzına aldı. Bu kitaplar içerik olarak tek tip değildi; din ilimleri, fen ilimleri, felsefe, tarih, edebiyat alanındaki meşhur eserlerdi. Bu doksan kitabın ezberini, özellikle gece vakitlerinde üç ayda bir hafızasında tekrar ederdi.

Bediüzzaman Van'da bulunduğu sürece, daha ziyade **"Molla Said-i Meşhur"** unvanı ile tanınıyordu.

Bediüzzaman'ın Van hayatı, İslam âleminin geri kalma nedenleri ve bu durumdan nasıl kurtulabileceği konusuna odaklaştığı görülmektedir. Nihai noktada vardığı sonuç; bütün problemlerin cehaletten, ihtilaftan kaynaklandığını ve bunun için de eğitim alanında önemli ve yeni adımların atılması gerektiğiydi.

Bu anlamda ilk adımı yine Van'da attı. Van'da kaldığı sürede eğitim metodunu tamamen kendisinin hazırladığı bir medrese kurdu. Hatta bir ara Şark'ın zeki hocalarını ve zeki talebelerini Van merkezine getirtti. Bütün ihtiyaçların vakıf idaresince karşılanmasını sağlayarak, fen ve din ilimlerini bir arada vermeye başladı. Altı yedi ay süren bu eğitim denemesinde dersleri bizzat kendisi veriyordu.

Molla Said'in esas hedefi, aynı metodun uygulanacağı bir üniversiteyi Doğu Anadolu'da kurmaktı. Bu üniversitede din ilimleri ile fen ilimleri birlikte öğretilecek, etnik diller de serbest tutulacaktı. Bu üniversiteye, Kahire'deki Ezher Üniversitesi'nden hareketle **"Medresetü'z-Zehra"** ismini verdi. Van, Bitlis ve Diyarbakır üçgeninde gerçekleştirmeyi hedeflediği bu proje ile sadece cehalet ve geri kalmışlıkla mücadele etmekle kalınmayıp, muhtemel siyasi ve sosyal problemlere de bir çözüm bulunacağına inanıyordu.[4]

Molla Said'in Van hayatı çok verimli geçti. Bu arada gördüğü bir rüya ve hemen ardında Tahir Paşa'nın kendisine gösterdiği bir gazete haberi, onun dünyasında manevi fırtınaların kopmasına ve fikri mücadelesinin de parlamasına neden oldu. Bu rüyayı kendisinden dinleyelim:

"Eski Harb-i Umumîden (birinci dünya savaşından) evvel bir sâdık rüyada görüyorum ki: Ararat Dağı denilen meşhur Ağrı Dağı'nın altındayım. Birden o dağ müthiş infilâk etti; dağlar gibi parçaları dünyanın her tarafına dağıttı. O dehşet içinde baktım ki, merhum validem yanımdadır. Dedim: 'Ana, korkma. Cenâb-ı Hakkın emridir. O hem Rahîmdir, hem Hakîmdir.' Birden, o hâlette iken baktım ki, mühim bir Zât bana emredercesine diyor ki: 'İ'cazı Kuran'ı[5] beyan et!' Uyandım, anladım ki, bir büyük infilak olacak. o infilak ve inkılaptan (değişim ve dönüşümden) sonra Kuran etrafındaki surlar kırılacak. Doğrudan doğruya Kuran kendi kendini müdafaa edecek. Kuran'a hücüm edilecek, İcazı onun çelik bir zırhı olacak. Ve şu icazın bir nevini şu zamanda izharına (açığa çıkarılmasına), haddimin fevkinde olarak, benim gibi bir adam namzet olacak ve namzet olduğumu anladım."[6]

İşte bu rüyanın üzerinden çok geçmemişti ki, Tahir Paşa bir gazetedeki şu haberi ona gösterdi:

İngiliz Millet Meclisi'nde Müstemlekat Nazırı (Sömürge Bakan'ı) elinde Kuran-ı Kerim'i göstererek söylediği bir nutukta:

---

[4] Risale-i Nur Külliyatı, Tarihçe-i Hayat.
[5] Kuran'ın hârikulâde oluşu.. karşı çıkan muhaliflerine meydan okuması.. bir benzerinin getirilememesi.
[6] Risale-i Nur Külliyatı, Mektubat.

"Bu Kurân Müslümanlar'ın elinde bulundukça biz onlara hâkim olamayız. Ne yapıp yapmalıyız, bu Kurân'ı onların elinden kaldırmalıyız; yahut Müslümanları Kurân'dan soğutmalıyız." demiş.

İşte bu müthiş haber, onda târifin fevkinde bir tesir uyandırmıştı. İstidadı şimşek gibi alevli, duyguları ve bütün letâifi uyanık ve ilim, irfan, ihlâs, cesaret ve şecaat gibi harika inayet ve seciyelere mazhar olan Bediüzzaman, bu haber üzerine;

"Kurân'ın sönmez ve söndürülmez mânevî bir güneş hükmünde olduğunu, ben dünyaya ispat edeceğim ve göstereceğim." der ve harekete geçer.[7]

İSTANBUL'A İLK YOLCULUĞU

Bediüzzaman, ruhunda uyanan bu azimle, öteden beri hayalini kurduğu **"Medresetü'z-Zehra"** projesinin artık gerçekleşmesi zamanı geldiğini düşünüyordu. Bu devasa projenin tahakkuku için Tahir Paşa ile yaptığı istişareler neticesinde, resmi makamların yardımını temin etmek üzere Kasım 1907' de, henüz otuz yaşlarında iken İstanbul'a geldi.

Tahir Paşa, İkinci Abdülhamit'e ulaştırılmak üzere, Bediüzzaman'ın şöhretini içeren bir mektubu da onunla göndermeyi ihmal etmedi.

İstanbul'a vardığında, iki ay kadar Ferik (Tümgeneral) Ahmet Paşa'nın misafiri oldu. Ferik Ahmet Paşa, Bediüzzaman'ın, Doğu Anadolu'da uygulanacak olan eğitim projelerine destek bulmak amacıyla Saraya verdiği dilekçenin hazırlanmasına yardımcı olmuş ve onu gerekli kişilerle tanıştırmıştır.[8]

---

[7] Risale-i Nur Külliyatı, Tarihçe-i Hayat.

[8] Abdülmecit, Hatıra defteri, 4, Badıllı, Nursi'nin içinde, 1: 171.

Bediüzzaman bu İstanbul seyahatinde, Doğu'ya ve dolayısı ile doğudaki problemlere dikkat çekmek için kıyafetini değiştirmedi. Doğu eyaletlerinin geleneksel kıyafetleriyle herkesin karşısına çıkan Nursi, kendinden emin tavırları ve etkili hitabetiyle kısa sürede dikkatlerin odağı oldu.

Bununla da yetinmeyen Bediüzzaman, herkese şaşkınlık veren bir uygulama başlattı. Fatih'teki Şekerci Hanı'nda bir otel odasına yerleştikten sonra, odasının kapısına şu levhayı astı:

"Burada her müşkül halledilir, her suale cevap verilir, fakat sual sorulmaz!"

Fatih Şekerci Hanı o dönemin önde gelen aydınlarının uğrak yeriydi. Mehmet Akif ve Rasathane Müdürü Fatin Hoca o otel de kalanlar arasındaydı.

Bediüzzaman'ın bu hayret uyandıran levhası, kısa sürede dikkatleri çekmiş ve gerçekten de gelenlerin müşküllerini hallettiği, bütün sorularına cevap buldukları bir yer olmuştu.

Bu şöhret, kimi âlimlerin takdirlerinin toplarken, kimilerinin de kıskançlık ve haset duygularını tahrik etti. Bu kıskançlık bir süre sonra Bediüzzaman'ın başını derde sokacaktır.

Bediüzzaman işte tam bu sıralarda (Mayıs 1908) eğitim reformları hakkındaki fikirlerini içeren dilekçesini Saray'a sundu.

Bu dilekçenin metni beş ay kadar sonra, 19 Kasım 1908'de Şark ve Kürdistan gazetesinde yayınlandı. Fakat gazetenin giriş yazısında da ifade edildiği üzere, bu dilekçe hiç de hoş olmayan sonuçlar doğurdu.

Bir yandan bazı âlimlerin hasımca (düşmanca) tavır takınmaları ve diğer yandan, hürriyetin kısıtlandığı bir dönemde, Bediüzzaman'ın mevcut eğitim politikalarını tenkit etmeye kadar giden pervasız ve cesaret dolu konuşmaları, Saray'ın dikkatini çekmiş ve sıkı gözetim altına alınmıştı.

Bir süre sonra, *"Her soruya cevap veren ve Saray'a karşı böyle pervasız olup, eleştiriler getiren bir adam, olsa olsa deli olabilir."* denilerek, Bediüzzaman akıl hastanesine sevk edilir.

Hastahanede onu muayene etmek üzere Saray doktorlarından biri görevlendirilir. Bediüzzaman doktora, neden ve nasıl buraya gönderildiğini dört madde halinde anlatır ve doktor hayretler içinde kalır. Büyük bir deha ve yüksek bir zeka ile karşılaştığını fark eden doktor:

"Şimdiye kadar İstanbul'a gelenlerin içerisinde zeka ve fetanetçe (çok çabuk ve seri kavrayışıyla..) böyle bir nadire-i cihan (dünyada benzeri) bulunmuş değildir." şeklinde bir rapor hazırlar ve Saray'a gönderir.

Bu raporu alan ve daha önce İkinci Abdülhamid'e Bediüzzaman hakkında yalan yanlış bilgiler vererek, onu yanıltan Saray paşaları telaşa düşerler ve bir an önce onu İstanbul'dan uzaklaştırmanın yollarını ararlar.

İlk tedbir olarak Bediüzzaman'ı hemen bir hapishaneye naklettirirler ve orada da başlarına bela olmaması karşılığında rüşvet teklif ederler; ancak bir netice elde edemezler. Ardından Padişah'ın iradesi ile Zaptiye Nazırı Şefik Paşa Bediüzzaman'a gönderilir.

Zaptiye Nazırı Padişah'ın selamını kendisine ilettikten sonra, Doğu'ya tekrar dönmesi halinde kendisine otuz lira maaş bağlanacağını söyler ve bunun üzerine Bediüzzaman ile aralarında ciddi bir tartışma başlar. Bediüzzaman cevap olarak:

"Ben maaş dilencisi değilim. Kendim için değil, milletim (Osmanlı) için geldim. Hem de bunu bana teklif etmek, rüşvet ve susma payıdır. Benim şahsi menfaatimi neden milletin genel menfaatine tercih ediyorsunuz?" der.

Rüşvetin fayda vermeyeceğini anlayan Şefik Paşa:

"Nasıl ve hangi cesaretle Padişah'ın teklifini reddediyorsun, sonun çok vahim olacaktır." diyerek tehdit yolunu dener.

Bediüzzaman cevap olarak:

"Reddediyorum, ta ki Padişah beni çağırsın da gerçekleri söyleyeyim. Hem, idam olunsam, bir milletin kalbinde yer edeceğim," diyerek bu tehdide beş para önem vermez ve Şefik Paşa eli boş olarak geri döner.[9]

Said Nursi'nin o dönemdeki portresini "Sırat-ı Müstakim Dergisi"nin sahibi olan Eşref Edip, şu ifadelerle resmeder:

"Hürriyet mücadelesinde celadet (yiğitliği) ve şehameti (kahramanlığı) o derece idi ki, herkesin ağzını açmaktan korktuğu, işaretle konuştuğu bir zamanda, onun bu kadar cesaret ve celadet göstermesi zamanın havsalasına sığmadı. Sarayın ve paşaların ferman ferman olduğu, mutlak bir kudrete sahip olduğu bir zamanda, Şark vilayetlerinden gelen bir adamın bu kadar cesaret göstermesi hayret ve taaccüple telakki (kabul) edileceği tabii idi. Halka köle nazarı ile bakan müstebit (zorbacı) paşalar; *'Bu kadar cesaret akıl karı değildir!..'* diyerek onu tımarhaneye sokmaktan başka kendileri için kurtuluş ve rahat çaresi göremediler."[10]

Bediüzzaman, zulmen atıldığı bu ilk hapishanede çok kalmaz ve Meşrutiyet'in kabulünden sonra ilan edilen siyasi af kapsamında hürriyetine kavuşur.

---

[9] Risale-i Nur Külliyatı, Tarihçe-i Hayat.
[10] Eşref Edip, "İslam Düşmanlarının Tertiplerini Ortaya Çıkarmak Vazifemizdir," Yeni istiklal Gazetesi, No: 241, 23 Mart 1966

31 MART OLAYI VE BEDİÜZZAMAN

Hürriyetin ilanı ile birlikte İstanbul'un her tarafında bir kargaşa ve infial dönemi başlamıştır. Bu sosyal çalkantıları durdurmak ve insanları yatıştırmak gerekiyordu. Bunun tek bir yolu vardı; insanları ikaz etmek ve hürriyetin nimetlerini inandırıcı bir üslupla anlatmak...

Meşrutiyet'in[11] başına meşruiyeti de (meşru, geçerli olma durumunu da) ilave ederek, **"Meşrutiyet-i meşrua"** sloganı ile hürriyeti anlatmaya çalışan Bediüzzaman, Meşrutiyet'in üçüncü gününden itibaren bir taraftan gazete ve dergilere yazı yazarken, diğer yandan da etkili hitabeti ile miting meydanlarında ve konferans salonlarında binlerce insana hitap ederek ortamın bir an önce yumuşamasına yardımcı oldu.

Bugünlerde, özellikle Selanik patlamaya hazır bir bombayı andırıyordu. Bediüzzaman 11 Temmuz'da Sultan Ahmet meydanında yaptığı **"Hürriyete Hitap"** nutkunun aynısını, Selanik meydanında da vererek, tırmanan tehlikenin önünü bu şekilde kesmiş oldu.[12] Özellikle Şehzadebaşı'ndaki Ferah Tiyatrosu'nda çıkan kavgayı, etkileyici hitabetiyle son anda önlemiş oldu.[13]

Hamallar, İttihatçılara ve dolayısı ile Meşrutiyet'e karşı tavırlarını boykot yaparak ortaya koydular. İstanbul'da yaşayan ve hamallık yapan Kürtlerin bu siyasi ve anarşik olayların içine çekilmesi tehlikesini sezen Said Nursi, hamalların yoğun olduğu yerlere, özellikle kahvehanelere gidip konuşmalar yaptı ve Meşrutiyeti anlattı.

---

[11] Hükümdarla yönetilen bir ülkede hükümdarın başkanlığı altında parlamento yönetimine dayanan hükümet biçimi. Osmanlı İmparatorluğunda 1876 Anayasasıyla başlayan ve 1918 Mondoros Mütarekesine kadar süren ve I. Ve II. Meşrutiyet dönemi adlarıyla anılan süre.
[12] Risale-i Nur Külliyatı, Tarihçe-i Hayat.
[13] Risale-i Nur Külliyatı, Divanı Harbi Örfi.

"İlla boykot yapacaksanız, (O sırada) Bosna Hersek'i ilhak eden, Avusturya mallarına karşı yapın." diyerek, öfkelerini başka tarafa çekmeyi başarmış ve çıkması muhtemel büyük bir boykot ve anarşiyi önlemiş oldu.

Meşrutiyet'ten rahatsız olan bir diğer kesim de ulema (bilginler) ve talebelerdi. Zira onlar, anayasal sistemin ve hürriyetin dine aykırı olduğunu iddia ediyorlardı. Bunu fark eden Said Nursi, Meşrutiyet-i meşruanın İslam'a aykırı olmadığını, dört hak mezhebin klasik kaynaklarına dayanarak ve İslam tarihinden örnekler vererek ortaya koymaya çalıştı. Bunu yaparken, bir yandan gazetelere, dergilere yazılar gönderiyor, diğer yandan da medrese mensuplarının toplandığı yerlere giderek konuşmalar yapıyordu.

Meşrutiyet'e tepkili diğer bir zümre de askerlerdi. Üstlerine, özellikle Harbiyeli subaylara itaat etmemeye başlayan askerler, büyük bir felakete adeta davetiye çıkarıyorlardı. Bu tehlikeyi fark eden Bediüzzaman, İstanbul'un farklı yerlerinde bulunan avcı taburlarını bir bir dolaşarak *"Meşrutiyet'in yanlış anlaşıldığını ve dine aykırı bir tarafı olmadığını"* anlattı. İslam'ın anarşiye karşı olduğunu ve üstlerine itaat etmemeleri durumunda anarşiyi körükleyeceklerini anlatarak, onları itaate sevketti.

Meşrutiyet'in ilanı sadece İstanbul'da değil, Doğu'da da infiallere neden olmuştu. Said Nursi "Bediüzzaman" imzası ile doğudaki nüfuzlu kişilere ve aşiret reislerine altmış kadar telgraf çekti. **"Meşrutiyet ile dine bir zarar gelmeyeceğini, aksine dinin inkişaf edeceğini"** anlatarak onları yatıştırdı.

Bugünleri sonradan anlatan Bediüzzaman, hizmetlerini şu cümleyle özetliyordu:

"Nerede bir yangın görsem, onu söndürmeye koştum."

Takvimler 13 nisan 1909'u gösterdiğinde, tarihe **"31 Mart Vakası"** olarak geçen büyük bir isyan baş gösterdi. Mevcut kargaşayı fırsat bilen karanlık ellerin çıkardığı bu isyanla her şey alt-üst olmuş ve İkinci Abdülhamit tahtan indirilmişti.

Said Nursi, isyanın üçüncü gününde isyan eden askerlere gazetede yazdığı yazılarla, dördüncü gününde ise bizzat Harbiye Nezareti'ne (Savaş İşleri Bakanlığı'na) giderek onlara hitap etti ve isyanı bitirmelerini istedi.

İsyanın on birinci gününde, Mahmut Şevket Paşa komutasındaki Hareket Ordusu isyanı bastırdı ve sıkıyönetim ilan edildi. İsyancıların elebaşıları yakalanarak sıkıyönetim mahkemesinde idam edildiler. İsyanı yatıştırmak için bir dakika boş durmayan Said Nursi de olaya karıştığı iddiası ile tutuklanır. Üç hafta kadar hapiste kaldıktan sonra mahkeme huzuruna çıkarılır.

Müdafaasında, isyan öncesindeki dokuz aylık sürede yaptığı hizmetleri ve isyanın durdurulması için üstlendiği rolü dile getiren Bediüzzaman Said Nursi, **"Demek ki, ben bu hizmetleri yapmakla büyük cinayetler etmişim ki, burada idamla yargılanıyorum."** der.

Ardından İttihad-ı Muhammedi Cemiyeti'ne dahil oluş nedenini ve şeriatın ne anlama geldiğini izah ederek, cesaret ve feraset dolu bir müdafaa yapar. Bu savunma daha sonra, **Divan-ı Harbi Örfi** adı ile kitaplaştırılır.

İdam edileceğini beklerken, beraat eden Bediüzzaman, kendisinden sonra yargılanan kırk elli kişinin de idamdan kurtulmasına vesile olur.

İstanbul'da bulunduğu iki senelik zaman diliminde, faydalı gördüğü sivil toplum kuruluşları ile hizmet etmekten kaçınmayan Said Nursi, İttihadı Muhammedi Cemiyeti'nin kurulduğunu duyunca, bu evrensel ve mübarek ismin bir grubun elinde istismar edilmemesi ve şahsi düşüncelere alet edilmemesi için hemen gidip dahil olur.

31 Mart olayında, sıkıyönetim mahkemesinde yaptığı müdafaada; İttihadı Muhammedi Cemiyeti'ne niçin dahil olduğunu şöyle ifade eder:

"İşittim İttihadı Muhammedi Cemiyeti adı ile bir cemiyet teşekkül etmiş. Nihayet derecede korktum ki, bu mübarek (kutlu) isim altında bazılarının bir yanlış hareketi meydana gelir. Sonra işittim ki bu mübarek isimi bazı kutlu (mübarek) zatlar (kişiler), Süheyl Paşa va Şeyh Sadık gibi kimseler daha basit ve sırf ibadet ve sünnet-i seniyeye (Hz. Peygamber'in sünnetine/ibadet tarzına) tebaiyyete (uymaya) dönüştürmüşler.

Lakin tekrar korktum, bu isim umumun hakkıdır, tahsis ve tahdit (sınırlama) kabul etmez. Ben nasıl ki, dindar müteaddit (birçok) cemiyete bir cihette (bir yönüyle) mensubum. Zira maksatlarını gördüm. Aynı o ismi mübareke de intisap ettim (bağlandım). Bu cemiyetin reisi Fahrül Alem'dir (âlemlerin kendisiyle şeref bulduğu Hz. Peygamer'dir). Gayesi ise Ahlak-ı Ahmediye ile tahalluk (ahlaklanma) ve sünneti Nebeviyeyi (Hz. Peygamber'in yolunu) ihya (yeniden canlandırma) ve başkalarına da muhabbet etmektir.

İşte ben bu ittihadın efradındanım, bu ittihadın tezahürüne teşebbüs edenlerdenim. Yoksa sebebi iftirak olan fırkalardan, partilerden değilim."[14]

Bu ifadelerden de anlaşıldığı gibi Said Nursi, her şeyden önce, herhangi bir grubun, Hz. Muhammed'in (a.s.m) ismini taşıyan bu cemiyeti kendi tekeli altına alıp siyasi maksatları uğruna kullanmasından ve daha ötesi, böyle bir cemiyetin toplumda ayrılığın ve çekişmenin kaynağı haline getirilmesinden şiddetle endişe ettiği için dahil olmuş ve gerçekten de bu istismarlara engel de olmuştur.

---

[14] Risale-i Nur Külliyatı, Divanı Harbi Örfi.

Said Nursi'nin 23 mayıs 1909'da sıkıyönetim mahkemesinde serbest bırakılması o günün gazetelerinde şu ifadelerle duyurulmuştur:

"**Bediüzzaman Said Kürdi mukaddem (başlangıçta) vaki olan ihbaratın saniadan (uydurmadan) ibaret olduğu ve bilakis mumaileyhin (kendisinin) tesisi meşrutiyette hidematı bergüzidesi (üstün ve seçkin hizmetleri) sebkeylediği (geçtiği) tahakkuk eylemekle (ortaya çıkmakla) tahliye edilmiştir.**"[15]

İSTANBUL'DAN VAN'A DÖNÜŞÜ

Mahkemeden beraat eden Said Nursi, müdafaasında da ifade ettiği gibi, İstanbul'a veda edip memleketine geri dönmeğe karar vermişse de, dokuz on ay kadar daha İstanbul'da kaldığı bilinmektedir. İstanbul seyahati onun için hayal kırıklığı ile sonuçlanır. İstanbul'dan umduğunu bulamayan Bediüzzaman Said Nursi, veda edip giderken bir vedaname yazar. Hayal kırıklığını bu vedanamede de görmek mümkündür.

"**...Elveda ey gelin libası giymiş acuze-i şemta (kocakarı). Sen zehirli bir bala benzersin. Belki medeniyet libası giymiş vahşi bir adama benzersin. Sureten ne kadar medeniliğin var, sireten (için..) dahi nifak, sefalet, kötü niyet içinde o kadar vahşisin...**"[16]

Bediüzzaman Karadeniz üzerinden Batum'a ve oradan da Van'a geçer. Bu seyahat sırasında Gürcistan'ın başkenti Tiflis'e de uğrar. Burada bir Rus polisi ile aralarında bir konuşma geçer.

---

[15] Tanin Gazetesi, sayı 261, 24 Mayıs 1909.
[16] Mufassal Tarihçe-i Hayat, Abdülkadir Badıllı, c.I, s. 324.

Uzun olan bu karşılıklı konuşmada Bediüzzaman Sovyet Rusya'nın çok fazla ayakta duramayacağını ve yıkılacağını söyler.[17]

Van'a geri dönen Said Nursi, bir dakika boş durmaz, hemen aşiretleri dolaşmaya başlar. **"Dağ ve sahraları bir medrese ederek Meşrutiyeti ders verdim."** diyen Bediüzzaman, aşiretler tarafından yanlış anlaşılan Meşrutiyet'in güzelliklerini, onların anlayabileceği bir dille anlatmaya çalışır. Bu seyahat sırasında halkın Meşrutiyet hakkındaki sorularına tek tek cevap veren Nursi, daha sonra bu soru ve cevapları kitaplaştırarak **"Münazarat"** adı altında bastırır.

Hürriyet, demokrasi, anayasa, siyaset, insan hakları, cumhuriyet, azınlık hakları, etnik dil ve eğitim gibi onlarca önemli konuda bilgilerin yer aldığı bu kitabı okuyan herkes, Bediüzzaman'ın ta o zamandan günümüz Türkiye'sinin içinde bulunduğu problemleri sezdiğini ve çözüm önerilerini yazdığını itiraf etmek durumunda kalmaktadır.

Bu sırada Arapça olarak kaleme aldığı bir diğer eser de, âlimlerin reçetesi olarak bilinen ve yüksek bir ilmi içeren **"Muhakemat"** adlı kitaptır. Bu eser 1911'de bizzat kendisi tarafından Türkçe'ye tercüme edilerek yayınlanmıştır.

1910 tarihine gelindiğinde, Bediüzzaman seyahatin yönünü güneye çevirerek, Hakkari, Bitlis, Muş, Urfa, Kilis, Diyarbakır'a uğrayarak Şam'a geçti. Şam'a gelmesindeki önemli gayesi, buradan Mısır'a geçerek El Ezher Üniversitesinin, eğitim sistemini yerinde görüp incelemekti. Ancak, Şam'da çok sayıda Ezher mezunu âlimlerin olması, Üniversite hakkında onlardan yeteri kadar bilgi alması ve bir an önce İstanbul'a gitme gereği, Mısır'a geçmesine engel oldu.

Şam'da iken, âlimlerin ısrarı üzerine Şam Emevi Camii'nde bir hutbe verdi. Yüzden fazla âlimin hazır olduğu, on bin kişiye

---

[17] Risale-i Nur Külliyatı, Tarihçe-i Hayat.

hitaben verilen bu hutbenin konusu; İslam dünyasının içinde bulunduğu olumsuz durumun nedenleri ve bundan kurtulmanın çareleriydi. Bu hutbe daha sonra **"Hutbe-i Şamiye"** adı ile kitaplaştırılmıştır.

İSTANBUL'A İKİNCİ GİDİŞ

Bu hutbeden sonra Şam'da fazla kalmayan Bediüzzaman Said Nursi, Beyrut'a ve buradan da deniz yoluyla İstanbul'a geçer. İstanbul'a ikinci kez gelen Bediüzzaman'ın amacı yine aynıydı. Zira Doğu'da yaptığı seyahatlerde, yıllardır hayalini kurduğu üniversite hakkındaki kanaati daha da pekişmiş ve bu projenin bir an önce faaliyete geçmesi için tekrar İstanbul'un yolunu tutmuştu.

İlk gidişinde II. Abdulhamit'e ulaşamayan Bediüzzaman, bu kez Sultan Reşad ile İttihat ve Terakki yetkililerine projesinin önemini anlatacak ve desteklerini isteyecekti.

Bediüzzaman, 1911 Haziran'ında Rumeli seyahatine çıkan Sultan Reşad'ın saltanat kafilesine Şark vilayetlerini temsilen katıldı.[18]

Üsküp'te bir lise binasının balkonundan, yüz binlerce Rumeli halkına seslenen Sultan Reşad'ın hemen yanında Bediüzzaman da yer almıştır.

O tarihlerde Kosova'da büyük bir üniversitenin açılması kararı alınmış ve hatta yirmi bin altın tahsisat da yapılmıştı. Bediüzzaman hem Sultan Reşad'a ve hem de İttihat ve Terakki yetkililerine, **"Şark böyle bir üniversiteye daha ziyade muhtaçtır,"** diyerek, projesini gerekçeleriyle birlikte detaylı bir şekilde anlattı.

---

[18] Risale-i Nur Külliyatı, Tarihçe-i Hayat.

Soru cevap şeklinde geçen bu karşılıklı konuşma üzerine Sultan Reşad, Bediüzzaman'ın fikirlerini çok isabetli bulur ve elinden gelen yardımı yapacağına söz verir.

Bu seyahatten kısa bir süre sonra Balkan Harbi patlak verince, Rumeli'deki üniversite planı suya düşer ve oraya tahsis edilen yirmi bin altın, Bediüzzaman'ın Şark projesine aktarılması kararı alınır.

TEKRAR VAN'A DÖNÜŞ

Ayrılan bu tahsisattan bin altın kadarı Beidüzzaman Van'a geldikten sonra Van valiliğine gönderiliyor. Tahsisatı alınır alınmaz, Van gölünün kenarındaki Artemit (Edremit)'te gerçekleştirilen büyük bir merasimle üniversitenin temeli atılır.[19]

Fakat ödeneğin devamının bir türlü gelmemesi nedeniyle proje ilerleyemez. Gerek Tahir Paşa ve gerekse halefi olan Tahsin Paşa, Dersaadet'e gönderdikleri telgraflarla ödeneğin hızlandırılmasını rica etmişlerdir. Bu yazışmalarla ilgili İstanbul Başvekalet'te yirmi kadar belge tespit edilmiştir.

Bu telgraflar neticesinde İstanbul'dan olumlu mesajlar gelmişse de Evkaf Nezareti (Vakıflar Bakanlığı) tarafından gönderilen 2 Ağustos 1913 tarihli bir telgrafta Üniversite inşaatının masraflarının karşılanamayacağı bildirilmiştir.

Bediüzzaman bir taraftan tahsisatın (ödemenin) gelmesini beklerken, diğer yandan da boş durmaz, Van kalesinin dibinde yer alan ve Evkaf Nezaretne bağlı olan Horhor Medresesi'nde talebe okutmaya başlar. Bu medreseyi Bediüzzaman'a tahsis eden, Van Valisi Tahsin Paşa olmuştur.

---

[19] Risale-i Nur Külliyatı, Tarihçe-i Hayat.

Bediüzzaman'ın Van'daki hayatının ayrıntılarına geçmeden önce, ikinci kez İstanbul'a yaptığı seyahatle ilgili ihtilaf veya iddia konusu olan birkaç noktaya değinmek istiyoruz.

Bu konuların başında Bediüzzaman'ın, Osmanlının resmi istihbarat teşkilatı olan, Teşkilat-ı Mahsusa ile ilgisinin olup olmadığı gelir. Bu, Bediüzzaman'ın Teşkilat-ı Mahsusa ile birlikte çalıştığı ve hatta İkinci Balkan Savaşı'na katıldığı, Edirne'nin tekrar alınmasında büyük kahramanlıklar gösterdiği iddialarıdır ki, bunu ileri süren yalnızca Cemal Kutay'dır.[20]

Ancak gerek tarihi sürece ve gerekse Bediüzzaman'ın eserlerine ve hatıralarına baktığımızda, onun Balkan Savaşlarına katılması ve Edirne'nin alınmasında görev alması mümkün görünmüyor. Zira bu tarihlerde Bediüzzaman Van'dadır. Teşkilatı Mahsusa (gizli teşkilat) yetkilileri ile dostlukları olduğu muhakkaktır, ancak şimdiye kadar bu teşkilat ile birlikte çalıştığına dair bir belgeye rastlanılmış değildir. Bu iddia şimdilik bir tahminden öteye geçmemektedir.

Bediüzzaman Van'da iken, Birinci Dünya Savaşı'nın hemen arifesinde Şeyh Selim'in başını çektiği Bitlis olayı vuku bulur. Rusların kışkırtmasıyla, Jön Türklerin seküler ve din dışı sayılabilecek bazı uygulamalarından dolayı İttihatçılardan memnun olmadıklarını bahane eden Şeyh Selim, 1914 yılının ilk baharında Bitlisi işgal etmeye başlar. Şeyh Selim, bu işgalden önce, Bediüzzaman'ı da yanına çekerek nüfuzundan istifade etmek ister. Ancak ileride dile getireceğimiz Şeyh Said olayında olduğu gibi, Bediüzzaman'ın tavrı net ve kesindir. Bu teklife:

"O fenalıklar ve o dinsizlikler, o gibi kumandanlara mahsustur. Ordu onunla mesul olamaz. Bu Osmanlı ordusunda belki yüz bin evliya var. Ben bu orduya kılıç çekemem ve size iştirak edemem." diyen Bediüzzaman, Şeyh Selimi

---

[20] Kutay, Çağımızda Bir Asr-ı Saadet Müslüman'ı, s. 116.

de bu teşebbüsünden vazgeçirmeye çalışmışsa da ne yazık ki bu talihsiz olay yaşanır. Daha sonra bir vesile ile bu olaya değinen Said Nursi şunları söyleyecektir:

"**O zatlar benden ayrıldılar, kılıç çektiler ve neticesiz Bitlis hadisesi vücuda geldi. Az sonra, Harb-i Umumi (Birinci Dünya Savaşı) patladı. O ordu, din namına iştirak etti, cihada girdi ve o ordudan yüz binler şehitler evliya mertebesine çıkıp beni o davamda tasdik edip kanları ile velayet fermanlarını imzaladılar."**[21]

BİRİNCİ DÜNYA SAVAŞI VE ESARET

1914 yılı yaklaşırken, Bediüzzaman talebelerine sık sık, büyük bir felaketin gelmekte olduğunu hissettiğini söyler. Ve medresesini adeta bir kışlaya çevirmek üzere bolca mavzer tüfekleri aldırır. Sık sık talebelerine silah eğitimi de veren Said Nursi, kısa bir sürede, uzaktaki bir yumurtayı nişan alıp vuracak duruma getirir onları.

Birinci Dünya Savaşı'nın ilan edilmesi ile birlikte, Said Nursi, yeğeni ve talebesi Molla Habib ile bereber, hemen gönüllü alay vaizi yazılarak Erzurum cephesine gönderildiler. Kısa bir süre sonra Başkomutan Enver Paşa tarafından milis alayı komutanı unvanı ile resmi olarak görevlendirilir. Talebelerinin büyük çoğunluğu şehit düşen, Gönüllü Alay Komutanı Said Nursi, savaş sırasında büyük başarılara imza atar ve iki sene sonra, Mart 1916'da Bitlis'te Ruslara esir düşer.

Bitlis'in Rusların eline geçmesi ile birlikte esir düşen Said Nursi, Tiflis'te tedavi edildikten sonra Kosturma'daki esir kampına götürülür. İki buçuk sene kadar burada esir kalan Bediüzzaman

---

[21] Risale-i Nur Külliyatı, Şuâlar.

Said Nursi, Rusya'daki rejim kargaşasından da istifade ederek firar eder.

Leningrat'tan Almanya'ya, oradan da Petersburg üzerinden Varşova'ya gelir. Viyana'yı da gördükten sonra, Sofya üzerinden trenle 1918 Haziranında İstanbul'a ulaşır.

Bediüzzaman'ın İstanbul'a gelişi zamanın gazetelerinde şu ifadelerle duyurulur:

"Kürdistan ulemasından (bilginlerinden) olup, talebeleriyle birlikte Kafkas cephesinde muharebeye iştirak eylemiş ve Ruslara esir düşmüş olan Bediüzzaman Said Kürdi Efendi, ahiren (sonunda) şehrimize muvasalat (vâsıl) eylemiştir."[22]

Bediüzzaman İstanbul'da bir kahraman gibi karşılanır. Enver Paşa: **"Bu hocayı görüyor musunuz, şarktaki savaşlarda Rus kazaklarına karşı koyan bu hocadır!"** diyerek, onu Harbiye Nezareti'nin (Savaş İşleri Dairesi'nin) yüksek rütbeli komutanları ile tanıştırır. Ardından da kendisine savaş madalyası takdim edilir.

Diğer yandan Şeyhülislam Musa Kazım Efendi'nin teklifiyle de Sultan Vahdettin tarafından kendisine ilmiye sınıfında "Mahreç" (Üstün Başarı) derecesi verilir. **"Mahreç Mevleviyeti"** olarak da bilinen bu rütbe, Osmanlıdaki bütün resmi ulemanın (bilginlerin) başı olan **"Baş müderristen sonraki rütbe."** Anlamına gelmekteydi.[23]

Diğer yandan 12 Ağustos 1918'de kurulan, **"âlimler konseyi"** veya **"İslam Akademisi"** hüviyeti taşıyan **"Darü'l-Hikmeti'l-İslamiye"** ye kendisine haber verilmeksizin üye olarak atanan Bediüzzaman, yorgun ve rahatsız olduğu halde, **"Milletime hizmettir."** diyerek bu teklifi kabul eder.[24] Mehmet Akif Ersoy'un

---

[22] Tanin Gazetesi, 25 Temmuz 1918.
[23] Risale-i Nur Külliyatı, Tarihçe-i Hayat.
[24] Risale-i Nur Külliyatı, Tarihçe-i Hayat.

sekreterliğini yaptığı ve dokuz kişiden oluşan bu müessese, bir çok şubeleri ile dört yıl boyunca önemli hizmetler vermiş ve Kasım 1922'de kapatılmıştır.

Bediüzzaman Kafkas cephesinde savaş halinde iken, bazen at üzerinde bazen de siperde iken söyleyip, talebesi Molla Habib'in de kaleme aldığı ve Arapça olan İşaratü'l-İcaz adlı Kuran tefsiri başta olmak üzere, İstanbul'da kaleme aldığı *Nokta, Şuaat, Rumuzat, Sünuhat, Tuluat, Katre, Hakikat Çekirdekleri, Habbe, Zerre, Şemme ve Lemeat* adlı eserleri de bastırarak neşretmiştir.[25]

Enver Paşa, "İşaratü'l-İcaz" adlı Kuran tefsirinin bütün basım masraflarını üstlenmek istediği halde, Bediüzzaman sadece kağıt temini için müsaade etmiştir.

"Darü'l Hikmeti'l İslamiye'den" (Yüksek İslâm Şurası'ndan) aldığı maaştan/ücretten sadece zaruri ihtiyaçlarını karşılayıp, büyük kısmı ile kitap basıp ücretsiz olarak dağıtmıştır.[26]

İki buçuk senelik esaret ve iki senelik savaş hayatını yaşamış olarak yorgun ve bitkin düşen Bediüzzaman, İstanbul'a geldikten sonra, yine boş durmuyor ve nerede bir hizmet varsa ya bizzat içine girerek ya da desteklemek ve teşvik etmek sureti ile yardım ediyordu.

BEDİÜZZAMAN'IN ÜYE OLDUĞU CEMİYETLER

Bu cümleden olarak, 5 mart 1922 tarihinde Şeyhülislam Haydarizade İbrahim Efendi'nin de içinde bulunduğu bir grup tanınmış sima ile **"Yeşilay Cemiyeti"ni** kurdu. Bu cemiyetin asıl

---

[25] Risale-i Nur Külliyatı, Tarihçe-i Hayat.
[26] Risale-i Nur Külliyatı, Tarihçe-i Hayat.

hedefi; giderek yaygınlaşan alkollü içkiler ve diğer zararlı maddelerle mücadele etmekti.[27]

Bediüzzaman'ın katıldığı bir diğer cemiyet ise 15 şubat 1919' da kurulan **"Müderrisler Cemiyeti"**dir. Dinin hakikatlerini ve Peygamber'in (a.s.m) sünnetini öğretmeyi hedef kabul ederek yola çıkan bu cemiyet[28] 24 Kasım 1919'da **"Teali İslam Cemiyeti"**ne dönüştürüldü. Bunun üzerine Said Nursi diğer üyelerin aksine olarak, bu cemiyetle irtibatını hemen kesmiştir.

Diğer yandan, 1919'da kurulan ve siyasi bir gayesi olmayan, sadece eğitim faaliyetleri ile ülkenin asayiş ve bütünlüğüne hizmet etmeyi amaçlayan **"Kürt Neşr-i Maarif Cemiyeti"**nin on beş kurucu üyesinden biri de Said Nursi olmuştur.

Bu cemiyetin ismi içinde **"Kürt"** kelimesinin geçmesi, ırkçılık, ayrıcalık manasını akla getirebilir. Bu algının nedeni, içinde bulunduğumuz sosyal ve siyasal şartlardır. Yani günümüzde bu isim altında bir etnik çatışmanın olmasıdır. Cemiyetin kurulduğu tarihe gidecek olursak, bu ismin gayet normal karşılandığını göreceğiz. Tıpkı, İstanbul'da birçok ilimiz adına kurulan cemiyet, vakıf ve dernekler gibi.

Bu cemiyetin ilk projesi ise, İstanbul'da başıboş bırakılan ve anarşiye karışan Kürt çocuklarını okutmak için bir ilkokul kurmak olmuştur.

Yeri gelmişken, Bediüzzaman Said Nursi'nin,**"Kürt Teali Cemiyeti"** ve **"İngiliz Muhipler Cemiyeti"** ile bir ilgisinin olup olmadığı konusuna da değinmek istiyoruz.

Öncelikle şunu ifade edelim ki; vatan ve milletin saadeti ve bekası için, Birinci Dünya Savaşı'na gönüllü alay komutanı olarak katılan, yüzlerce talebesini şehit veren, ardından Ruslara esir düşerek iki buçuk sene sıkıntılı esaret hayatı yaşayan, bir vesile ile esaretten kurtulup İstanbul'a gelir gelmez, kendisine ve-

---

[27] Şahiner, Bilinmeyen Taraflarıyla, 229-231.
[28] Tunaya, Türkiyede Siyasal Partiler, 2: 386.

rilen hizmetleri, **"vatan ve millete hizmettir"** diyerek, reddetmeyen; şeyhülislamın, milli mücadele hareketi için, **"Bu bir isyandır."** şeklindeki fetvasına karşı, **"Milli mücadele bir cihattır ve haklı bir mücadeledir."** şeklinde aksi bir fetva ile cevap veren bir zatın, zararlı cemiyetlerle ne gibi bir ilgisi olabilir.

"Kürt Teali Cemiyeti" özerk bir Kürdistan hedefliyordu. **"İngiliz Muhipler Cemiyeti"** ise, ülkenin ayrılıkçı kodları ile oynayarak, bölüp parçalamanın ve neticede İngiliz hakimiyetini egemen kılmanın peşindeydi.

Kürt Teali Cemiyeti'nin kuruluş tarihi 6 kasım 1917'dir. Halbuki, Bediüzzaman Mart 1916 ile Haziran 1918 tarihleri arasında Rusya'da esirdir. Bu cemiyet ile Bediüzzaman'ı irtibatlandırmak ne tarihsel açıdan ve ne de Bediüzzaman'ın temel felsefesi açısından mümkün değildir.[29]

Ancak Bediüzzaman, İstanbul'a geldikten sonra, onun nüfuzundan faydalanmak gayesi ile söz konusu cemiyetin başkanı olan Seyyid Abdülkadir, kendisini ziyaret eder ve niyetini ortaya koyar. Bunun üzerine, Bediüzzaman'ın ona verdiği cevap yoruma meydan vermeyecek kadar açıktır:

"Allah'ü zül Celal Hazretleri Kur'an-ı Kerim'de mealen; *'Öyle bir kavim göndereceğim ki, onlar Allah'ı sever Allah da onları sever.'* **diye buyurmuştur. Ben de bu beyanı ilahi karşısında düşünürken, bu kavmin; bin yıldan beri Alem-i İslâm'ın bayraktarlığını yapan Türk milleti olduğunu anladım. Bu kahraman millete hizmet yerine, dört yüz milyon hakiki Müslüman kardeş yerine, birkaç akılsız kavmiyetçi kimsenin peşinde gitmem."**[30]

Öte yandan, **"İngiliz Muhipler Cemiyeti"** ile de yakından uzaktan bir ilgisi bulunmayan Bediüzzaman'ı bu cemiyetle irti-

---

[29] M. Latif Salihoğlu, Kürt-Teali iftirasına ilmî bir cevap (makale).
[30] Şahiner, Bilinmeyen Taraflarıyla, s. 233 ve 234.

batlıymış gibi göstermek isteyenler, maalesef tarihi gerçekleri bilerek saptıran, art niyetli birkaç kişiden öteye geçmemiştir.

Saptırılan tarihi gerçek şudur: **İngiliz Muhipler Cemiyeti**'nin etkili üyelerinden ve ikinci başkanı *Said Molla* ile **Said Nursi**'yi aynı kişiymiş gibi gösterme gayretidir. İtikatsız, mason ve vatan haini olan Mısırlı Said Mola ile Said Nursi'yi aynıymış gibi göstermek isteyen zihniyet, Şeyh Said ile Said Nursi'yi aynı şahıslarmış gibi gösteren zihniyetten başkası değildir. Tarihi gerçekleri saptıranlar, tarih önünde hesap vermekten kurtulamazlar ve kurtulamamışlardır.

16 Mart 1920'de İstanbul'u işgal eden İngilizler, bir yandan da kendi politikalarını destekleyecek bir kamuoyu oluşturmaya çalışıyorlardı. Nitekim fahri başkanlığını şeyhülislamlık yapmış olan Mustafa Sabri Efendi'nin, ikinci başkanlığını ise Mısırlı Said Molla'nın yaptığı "İngiliz Muhipler Cemiyeti"ni kurarak etkin olmaya başlamışlardı.

Bediüzzaman ise İngilizlerin halk üzerindeki etkisini kırmak, propagandalarını etkisiz hale getirmek ve gerçek maksatlarını ortaya koymak için **"Hutuvat-ı Site"** adlı eserini kaleme alarak hemen yayınladı.

Bediüzzaman'ın **"Bir fırka (bölük) asker kadar hizmet etti."** dediği **"Hutuvat-ı Site"**nin yayınlanması, dikkatleri bir anda üzerine çekmiş ve İngiliz İşgal Kuvvetleri Komutanı tarafından kendisi hakkında **"ölü veya diri olarak yakalama"** emri verilmiştir.[31]

Bu arada Anadolu'da da istiklal mücadelesi başlamıştı. Yine İngilizlerin baskısı ve propagandası sonucunda zamanın Şeyhülislam'ı; Kuvvayı Milliye hareketini bir isyan, kuvvayı milliyecileri de asi olarak gösteren bir fetva yayınladı.

---

[31] Risale-i Nur Külliyatı, Emirdağ Lahikası.

Bu fetvaya mukabil, zaman kaybetmeden, karşı bir fetva yayınlayarak cevap veren Bediüzzaman, fetvasında, İstiklal mücadelesini **cihat**, mücadele edenleri de **mücahit** olarak tanımladı.

BEDİÜZZAMAN ANKARA'DA MECLİSTE

Bediüzzaman'ın bu kahramanlıklarını Ankara'dan takip eden yeni Meclis ve Ankara hükümeti onu takdirle karşılamışlar ve ardından da Mustafa Kemal başta olmak üzere bir grup milletvekilinin isteği doğrultusunda kendisine telgraflar çekilerek Ankara'ya davet etmişlerdir.[32]

Bediüzzaman gelen bu ısrarlı davetler üzerine, **"Ben tehlikeli yerde mücadele etmek istiyorum, siper arkasında mücadele etmek hoşuma gitmiyor."** diyerek olumsuz cevaplar vermişse de davetlerin devam etmesi ve eski dostu Tahsin Paşa'nın şiddetli ısrarı üzerine 1922'de Ankara'ya gelmiştir.

9 Kasım 1922 Perşembe günü TBMM'de Bediüzzaman için kapsamlı bir karşılama merasimi yapılır ve verilen bir önerge üzerine de kürsüde gaziler için kısa bir tebrik konuşması yapar ve ardından da dua eder.

Bir taraftan Meclis çalışmalarına katılan Bediüzzaman diğer taraftan da milletvekilleri ile özellikle dini konularda münazaralarda bulunur. Kısa sürede milletvekillerinin ve meclisin ahvaline vakıf olan Bediüzzaman, özellikle mebusların (vekillerin) namaza karşı ilgisizliği dikkatini çeker ve bunun üzerine bir beyanname kaleme alarak vekillere dağıtır.[33]

---

[32] Risale-i Nur Külliyatı, Tarihçe-i Hayat.
[33] Risale-i Nur Külliyatı, Tarihçe-i Hayat.

Bu beyanname hemen tesirini göstermiş ve altmış milletvekili daha namaza başladığı için, küçük olan mescit daha büyük bir yere taşınmıştır.

Kazım Karabekir Paşa, Bediüzzaman'ın milletvekillerine dağıttığı bu beyannameyi Mustafa Kemal'e okur. Kısa bir süre sonra da elli altmış kadar milletvekilinin de bulunduğu bir ortamda Mustafa Kemal ile Said Nursi arasında bir tartışma yaşanır.

Mustafa Kemal, kızgınlığını ifade eden bir ses tonu ile;
"Biz senin yüksek fikirlerinden faydalanmak için buraya çağırdık, sen ise gelip, namaza dair şeyler yazarak aramıza ihtilaf soktun." der. Bunun üzerine Bediüzzaman hiddete gelir ve iki parmağını Mustafa Kemal'e uzatarak, yüksek bir ses tonu ile şöyle cevap verir: **"Paşa Paşa! İmandan sonra en yüksek hakikat namazdır, namaz kılmayan haindir, hainin hükmü ise merduttur (hayat hakkını kaybedip rahmetten mahrum kalmaktır)."**

Bediüzzaman'ın bu cevabı üzerine, bazı milletvekilleri kendisi için endişeye kapılırlar. Ancak beklediklerinin tam aksine olarak, Mustafa Kemal, kızgınlığını bastırmış bir ses tonu ile sözüne açıklama getirmeye çalışarak, geri adım atar.[34]

Bediüzzaman Ankara'da bulunduğu altı aylık süre içinde, hayatının gayesi olarak gördüğü Şark Üniversitesi projesi için bir çok girişimde bulunur ve önemli görüşmeler yapar.

Milletvekillerinin çoğunu bu konuda ikna eden Bediüzzaman, nihayet bir teklif hazırlayıp meclise sunar. İki yüz milletvekilinden 163 milletvekilinin imzası ile teklif onaylanır ve 2 Şubat 1923'te Meclis Başkanlığına sunulur. 17 Şubat'ta komisyona gönderilen ve o yılın bütçesinden yüz elli bin liranın tahsis edilmesini öngören bu kanun tasarısı, Eğitim ve Şeriat komisyonuna gönderildi ve orada bir süre bekletildi.

---

[34] Risale-i Nur Külliyatı, Tarihçe-i Hayat.

1924 tarihine gelindiğinde ise bambaşka bir zemin oluşmuştu. Bediüzzaman'ın çok önemsediği proje için giriştiği bu son teşebbüsü de sonuçsuz kalır. Zira 29 Kasım 1924'te bu yasa tasarısı reddedilir.

ANKARA'DAN AYRILIYOR

Bediüzzaman Ankara'daki bu çalışmaları sırasında yeni rejimin önde gelen simalarının bambaşka bir yolda olduklarını ve siyasi faaliyetlerle onları yollarından çevirmenin mümkün olmadığını fark etmiş ve bu ortamdan ayrılarak Van'a gitmeye karar vermişti.

Milli Mücadele bitinceye kadar, herhangi bir mebusun (vekilin) İslam'a muhalif bir tutum takınması **"vatan hainliği"** olarak kabul ediliyordu. Ancak Batılılaşmayı savunan ve bunun ancak dini terk etmekle sağlanabileceğini iddia edenler, zaferle birlikte gerçek yüzlerini göstermeye başladılar.

Tehlikenin sadece cehaletten değil, ilim ve fen kanalıyla, cerbeze maskesi altında geldiğini teşhis eden Bediüzzaman, buna karşı mücadelenin de Kuran'ın yüksek hakikatlerinin ilmi bir kisve ile ortaya konmasıyla mümkün olacağını düşünüyordu.

Hatta bu sırada, Yunanistan'a karşı kazandığımız zaferin gölgesinde tabiatçılık ve inkarcılık fikrinin de sinsi bir şekilde yayıldığını görmüş ve hemen **"Zeylü'l-Hubab"** ismi ile bir kitap kaleme almış ve yayınlamıştı. Daha sonraları Türkçe olarak kaleme alınacak olan ve tabiatçılık fikrinin belini kıran **"Tabiat Risalesi"**nin temelini oluşturan bu eser, Arapça olarak kaleme alınmıştı.[35]

---

[35] Risale-i Nur Külliyatı, Lemalar.

Bediüzzaman'ın Van'a gitme kararının duyulması üzerine Mustafa Kemal ile odasında baş başa bir görüşme yaparlar. İki saat kadar süren bu görüşmede Mustafa Kemal, Bediüzzaman'ın Ankara'da kalması halinde kendisine önemli bazı tekliflerde bulunur. **Milletvekilliği, üç yüz lira maaş, Şark Genelvaizliği ve bir köşk** gibi cazip tekliflere muhatap olan Bediüzzaman, bu tekliflerini hiç birini kabul etmez.[36]

Bu önemli teklifleri kabul etmemesinin nedenlerinden bir tanesi, Bediüzzaman'ın iç dünyasında meydan gelen manevi değişimdi. Bu konuyla ilgi olarak; **"Gidişatları benim ihtiyarlık hissiyatıma uygun gelmedi."** dedikten sonra, onlara: **"Yeni Said öteki dünyaya çalışmak istiyor, sizinle beraber çalışmaz, fakat size de ilişemez."** cevabını verdiğini dile getirir. Ancak asıl nedeni, gidişatın hangi yönde olduğunu görmesi ve gelecekte ortaya çıkacak bazı tehlikelerin farkına varmasıydı.

Nitekim geçen zaman ve gelişen hadiseler onu bu meselede haklı çıkaracak ve sonraları kaleme aldığı bir eserinde şunları söyleyecektir:

"Mecburiyetle o çok ehemmiyetli vazifeleri bıraktım. Ve bu adamlarla başa çıkılmaz, mukabele edilemez diye, dünyayı ve siyaseti ve hayat-ı içtimaiyeyi terk edip, yalnız imanı kurtarmak yolunda vaktimi sarf ettim."[37]

Bedüzzaman Ankara'dan ayrılırken, bazı dostları ve milletvekilleri istasyona kadar kendisine eşlik ederler. O sıralarda istasyonun hemen yanında ikamet eden Mustafa Kemal Paşa'da gruba katılır ve hatta heykellerle ilgili Said Nursi'ye bir soru sorar. Bediüzzaman'ın cevabı ise;

"Müslümanların heykelleri, hastaneler, okullar, yetimleri koruyan yurtlar, mabetler, yollar ve köprülerdir,.." şeklinde olur.

---

[36] Risale-i Nur Külliyatı, Tarihçe-i Hayat.
[37] Risale-i Nur Külliyatı, Tarihçe-i Hayat.

Bediüzzaman'ın Ankara'dan ayrılmasına bir anlam veremeyenler arasında, yeğeni Abdurrahman da vardı. Zira o kendisine teklif edilen meclis katipliğini kabul ederek Anakara'da kalmaya karar vermişti. Ancak daha sonraları Amcasının bu kararını çok acı tecrübelerle onaylayacaktır.

YENİ SAİD DÖNEMİ

Bediüzzaman'ın Van'a gidiş biletinin üzerindeki tarih 17 Nisan 1923'tür. Bu biletin bir özelliği de eski Said'i yeni Said'e götüren bilet olmasıdır.

Bediüzzaman Van'a gittiğinde Toprakkale nahiyesinde muallimlik yapan kardeşi Abdülmecid'in evinde bir süre ikamet etti. Fakat sürekli ziyaretçilerin gelmesi kendisini huzursuz edince, Nurşin Camii'ne taşındı.

Bir kenara çekilip ilimle meşgul olmak, talebe yetiştirmek isteyen Bediüzzaman, burada da ziyaretçiler tarafından adeta istila edilmeye başlandı. Bu nedenle havalar ısınır ısınmaz, birkaç talebesini alıp Erek dağına çıktı ve oradaki bir harabede hayatını devam ettirmeye başladı.

Eskiden beri kendisini tanıyanlar Bediüzzaman'da ciddi bir değişiklik olduğunu görüyorlardı. Başta kıyafeti olmak üzere, ders verme metodundan, derslerin içeriğine kadar her şey değişmişti. Bütün mesaisini iman hakikatlerine yoğunlaştırmıştı.[38]

Bediüzzaman, insanlardan uzak, Erek dağında ilahi inayeti intizar etmek üzere tam bir inziva hayatı geçirirken, Ankara'da da yeni rejim artık şekillenmeye başlamış ve icraatları her taraftan duyuluyordu. Bu yeni rejimi kabullenemeyen muhafazakar çevreler, kendilerince bir çözüm arıyorlardı.

---

[38] Şahiner, Son Şahitler, Abdullah Ekinci maddesi, c.1, s.110.

Ülkede gergin bir hava oluşmuştu. Hükümete karşı isyan etmeyi düşünen Şeyh Said, Said Nursi'nin halk üzerindeki ağırlığından faydalanmak için kendisiyle hareket etmesini istiyordu. Bunun için de Şeyh Said bizzat kendisi bir mektup yazmış ve yardım etmesi halinde kesinlikle başarılı olacağını anlatmıştır. Bediüzzaman'ın bu mektuba cevabı şu olmuştur:

"Yaptığınız mücadele, kardeşi kardeşe öldürtmektir ve neticesizdir. Türk milleti bin seneden beri İslamiyet'e bayraktarlık yapmıştır. Dini uğruna milyonlarca şehit vermiştir. Binaenaleyh, kahraman ve fedakâr İslam müdafilerinin torunlarına kılıç çekilmez ve ben de çekemem."[39]

Bu arada Şeyh Said'le birlikte hareket etmek isteyen ve ancak Bediüzzaman'ın da bu işin içinde olmasının gerekliliğine inanan Kör Hüseyin Paşa, birkaç kez Erek dağına çıkarak bizzat Bediüzzaman'la görüşmüştür. Çok büyük bir aşiret olan Hayderan aşiretinin reisi Kör Hüseyin Paşa ile Bediüzzaman arasında şöyle bir konuşma geçer:

Kör Hüseyin Paşa:

- Sizinle müşaverem var. Askerim hazır, atlar hazır, silahlar ve cephaneler de hazır. Sizden emir bekliyoruz.

Bediüzzaman:

- Sen ne diyorsun? Ne yapacaksın? Kiminle harp edeceksin?

Kör Hüseyin Paşa:

- Mustafa Kemal'le

Bediüzzaman:

- Mustafa Kemal'in askeri kim?

Kör Hüseyin Paşa:

- Ne diyeyim... İşte askerdir.

Bediüzzaman:

---

[39] Badıllı, Nursi, 1: 660; Selahaddin Çelebinin Biyografik notlarından iktibas.

- Askerler bu vatanın evladıdır. Senin ve benim akrabalarımdır. Kime vuracaksın? Onlar kime vuracak? Düşün, idrak et. Ahmed'i Mehmed'e Hasan'ı Hüseyine mi kırdıracaksın?[40]

Bu görüşmeden bir süre sonra Bediüzzaman cuma namazı için Erek dağından inmiş ve Nurşin Camii'nde namaz kıldıktan sonra, Kör Hüseyin Paşa, yanına aldığı birkaç aşiret reisi ile tekrar Bediüzzaman'a gelmişti.

Hiddetli ve ikna edici bir üslupla onlara katılamayacağını ifade eden Bediüzzaman, bu kez onları da vazgeçirmek adına, yaklaşımlarının ne din ne hukuk ve ne de akılla bağdaşmayacağını ifade eder. Ardından, ses tonunu yükselterek; Hüseyin Paşa'ya hitaben, **"Kan dökme, kan dökme, kan dökme!"** diyerek son mesajını vermiştir. Gerçekten de bu aşiretler Şeyh Said ile birlikte hareket etmeyerek isyana katılmamış ve felaketin daha da büyümesine engel olmuşlardır.[41]

SÜRGÜN HAYATI BAŞLIYOR

İsyan aşamasında böylesine yatıştırıcı rol oynamasına rağmen, Doğu'daki nüfuzlu aileleri Batı Anadolu'ya sürgüne gönderen hükümet, onu da inzivada bulunduğu Erek dağından alarak sürgüne gönderdi. Bir iki sene sonra, kendisi ile birlikte sürgüne gönderilenler serbest bırakılıp memleketlerine dönmelerine rağmen, Said Nursi 1960'ta vefatına kadar serbest bırakılmayarak, sürgün, hapishane, esaret, tarassut hayatı yaşadı.

1926 yılının şiddetli bir kış mevsimine rastlayan ramazan ayında, kızaklara bindirilerek, Trabzon'a, oradan deniz yolu ile İs-

---

[40] Şahiner, Bilinmeyen Taraflarıyla, s. 275-276.
[41] Şahiner, Bilinmeyen Taraflarıyla, s. 278-279.

tanbul'a götürülen Said Nursi burada yirmi gün kadar sürecek bir sorgulanmaya tabi tutuldu.[42]

Bu arada Anadolu'daki Şeyh Said isyanını soruşturan özel mahkeme de tahkikatını bitirmiş, suçlular hakkındaki kararını vermiş ve Bediüzzaman Said Nursi'nin, Şeyh Said isyanı ile hiçbir ilgisinin olmadığı sonucuna varmıştır. Buna rağmen Ankara'dan gelen bir emir üzerine Bediüzzaman'ın Burdur'da zorunlu ikamete tabi tutulması emrediliyordu.

Bunun üzerine İstanbul'dan İzmir'e, oradan Antalya'ya ve nihayet oradan da kara yolu ile 1926 yılının Mayıs ayında Burdur'a getirildi.

"Ben ehli dünyanın değil, kaderin mahkumuyum, Mekke'de de olsam Türkiye'ye gelirim, zira burası daha çok hizmete muhtaçtır..." diyen Said Nursi, Burdur'da bir eve yerleştikten sonra, en yakın camiye giderek halka iman dersleri vermeye başladı. Yaptığı dersleri Birinci Ders, İkinci Ders, Üçüncü Ders... gibi başlıklar altında düzenledikten sonra **"Nurun İlk Kapısı"** adı ile kitaplaştırarak bastırdı.

Bu sıralarda zamanın Genel Kurmay Başkanı Mareşal Fevzi Çakmak Burdur'a gelir. Vali, Bediüzzaman'ın gelenlerle dini sohbetlerde bulunduğunu ifade ederek, şikayette bulunur. Bediüzzaman'ın kıymetini ve geçmişini çok iyi bilen ve onunla yakından tanışan Fevzi Çakmak;

"Bediüzzaman'dan kimseye zarar gelmez, ona ilişmeyiniz, hürmet ediniz." der.[43]

Ancak evhamlı hükümet, Said Nursi'nin bu sohbetlerinden endişe ederek, sekiz ay sonra onu bu kez Isparta merkezine sürgün etti. 25 Ocak 1927'da Isparta'ya getirilen Bediüzzaman Said Nursi, burada da sohbetlerine devam etti ve her geçen gün etrafında insanlar toplanmaya ve çoğalmaya başladı.

---

[42] Badıllı, Nursi, 1: 660.
[43] Risale-i Nur Külliyatı, Lemalar.

BARLA HAYATI

Bu sohbetlerden de rahatsız olan Hükümet, Bediüzzaman'ı etkisiz kılmak adına kesin bir çözüm olması ümidi ile kuş uçmaz, kervan konmaz bir yer olarak bilinen Barla'da ikamet etmeye mecbur etti.

Eğirdir Gölü civarındaki bir derenin yamacında yer alan **Barla** köyüne ulaşım yalnızca kayıkla yapılıyordu. Gençleri ekonomik nedenlerle şehirlere göç eden Barla'nın nüfusu yaşlılardan oluşuyordu. Okuma yazma oranı son derece düşük olan bu köyde Bediüzzaman'ın etkili olması imkansız olacak ve zaten yaşlılardan oluşmuş üç beş köylü ile bir şey yapamayacağı için de zamanla unutulup gidecekti.

"O yar ise, her yer yarar." diyen Bediüzzaman, bu sürgünlere ilahi kaderin görevlendirmesi olarak bakıyor ve kendisini, mevcut şartlar içinde ne yapabilecekse, onu yapmakla sorumlu görüyordu.

"Vazifeni yap, vazifeyi İlahiye'ye karışma." parolasını rehber edinen Bediüzzaman, yokluğun bağrında varlığın müjdesini veriyordu. Barla bir iman inkılabına hazırlanıyordu. Kim bilebilirdi ki, ıssız bir köyün; İslami uyanışın, imani şahlanışın, istikbale ümitle bakışın merkezi olacağını...

Bediüzzaman Barla'ya geldiğinde, ilk haftalarda, **Muhacir Hafız Ahmed**'in evinde kaldı. Ardından önünde büyük bir çınar ağacı olan köy odası, köylüler tarafından tamir edilerek kendisine tahsis edildi.

Burada ilk yazdığı eser **"Haşir Risalesi"** oldu. İlkbahar mevsimiyle birlikte Eğirdir Gölü'nün kenarında dolaşan Bediüzzaman, **"Allah'ın rahmet eserlerine bakmaz mısınız, ölümünden**

sonra onları tekrar nasıl diriltiyor..."[44] mealindeki ayetin diline dolandığını fark eder. Kış mevsimi ile birlikte kuruyan ve ölen bitkiler alemi, yeniden diriliyordu. Bu diriliş insanın da toprağa girdikten sonra tekrar dirilişinin habercisi değil miydi? Öyle ise yaz kardeşim, dedi Bediüzzaman. Şam'dan buraya hicret eden Şamlı Hafız Tevfik başladı yazmaya ve Onuncu Söz (Haşir Risalesi) çıktı ortaya.[45]

Henüz harf inkılabı olmadığı için bu kitabı eski talebelerinden Müküslü Hamza ve mahalli tüccarlardan Bekir Dikmen'in yardımıyla İstanbul'a ulaştıran Bediüzzaman, matbaada basımını temin ederek, başta milletvekilleri olmak üzere bazı devlet memurlarına dağıtılmasını istedi.

İşte tam bu sırada Mecliste, Eğitim komisyonunda cismani dirilişin inkarına dair tartışmalar baş göstermiş ve ders kitaplarına da bunun geçmesi gündeme getirilmişti. Bu inkarcı görüşün öncülüğünü ise, biyolojik materyalizmin ateşli savunucu olan Abdullah Cevdet yapıyordu.

Bediüzzaman'ın bu eserini gören milletvekilleri şaşkınlık içerisindeydiler. Bediüzzaman bu çalışmalardan nasıl haberdar olabilir ve kısa sürede, imkansızlıklar içinde bu eseri nasıl yazıp çoğaltarak buraya gönderebilirdi? Her ne kadar Kazım Karabekir Paşa'nın Bediüzzaman'ı bu gelişmelerden haberdar ettiği iddia edilse de, Bediüzzaman işin gerçek mahiyetini şöyle anlatmaktadır:

"Kardeşim, Maarif şurasının böyle bir karar aldığından haberim yoktu. Onların kararına göre Cenab-ı Hak Haşir Risalesi'nin yazılmasını bana ihsan etmiş. Yoksa ben kendi arzum ve hevesimle yazmış değilim, ihtiyaca binaen yazıldı."[46]

---

[44] Rum Suresi, 30/50.
[45] Şahiner, Aydınlar Konuşuyor, Mustafa Sungur, s. 395.
[46] Şahiner, Son Şahitler, Ahmet Gümüş Maddesi, 4: 158.

Haşir Risalesi'ni diğer eserler takip etti. Sekiz buçuk senelik **Barla Hayatı süresinde Sözler** kitabı ile **Mektubat** kitabının tümü ve **Lem'alar** kitabının da Yirmi Altıncı Lem'a'ya kadarki eserler yazılmıştır.

1928' harf inkılabının yapılması ile birlikte, artık Osmanlıca eserleri matbaalarda basmak yasaklanmış ve Bediüzzaman'ın dine hizmetine büyük bir darbe indirilmişti. Kendisini mevcut şartlar içinde elinden geleni yapmakla yükümle gören Bediüzzaman, olumsuzluklarla meşgul değildi. Zira o inanıyordu ki, Allah isterse ve razı olursa her şey kolaylaşırdı.

Nitekim, çok geçmeden, beklenen inayet yardıma koşmuş ve her bir köy ve kasaba adeta birer matbaa olmuştu. Sadece Sav köyünde bin tane kalem risaleleri elle yazarak çoğaltıyorlardı. Öyle ki, okuma yazması olmayanlar bile, asli nüshanın üzerine bir kağıt koyup, en altına da mum koyarak, görünen çizgilerin üzerini kalemle dolaşarak matbaa görevi yapıyorlardı. **Osman Yüksel Serdengeçti**'nin ifadesi ile, **"İman tekniğe meydan okudu."** Altı yüz bini aşkın sayfa risale elle çoğaltılarak Anadolu'nun her tarafına ulaştırılmaya, okunmaya ve okunanlar yaşanmaya çalışılıyordu.

Bediüzzaman sanki bir mağdur olarak sürülmemiş, atanmış bir kurucu rektör gibi, manevi bir üniversite kurmuş ve Anadolu'nun her tarafından binlerce gönüllü talebesi olmuştu.

Hesaplar tutmamıştı. Onu durdurmak, doğan bu güneşi fazla beklemeden boğmak gerekiyordu. Barla'yı o'na zindana çevirmek ve yaşanmaz hale getirmek için bir nahiye müdürü ve bir muallim atandı. Kendisine yapılan baskılar o dereceye vardı ki, Bediüzzaman 1934 yazında Isparta'daki talebelerinden Tenekeci Mehmed'e gönderdiği bir mektupta şunları yazıyordu:

"Kardeşim, ben burada muallim ve nahiye müdürünün ezasına tahammül edemez hale geldim. Beni çok rahat-

sız ediyorlar. Kırlara da çıkamaz oldum. Rutubetli odada kabirde yaşar gibi yaşıyorum."

Talebesi bu mektubu alır almaz hemen **Vali Mehmet Fevzi Daldal**'a götürdü. Gözden ırak bir yerde olmasındansa, gözetim altında tutulmasının daha doğru olacağını düşünen hükümet, bu mektubu da bahane ederek 25 Temmuz 1934 tarihinde onu Isparta merkezine getirtti.

Isparta'da hem evinin kapısında hem de evin etrafında sürekli polisler nöbet tutuyorlardı. Bediüzzaman'ın her adımı takip ediliyordu. Kimsenin yanına çıkmasına ve onunla görüşmesine izin verilmiyordu. Yalnızca, zaman zaman hizmetini görmek üzere, **Mehmet Gülırmak** adındaki bir talebesine izin veriliyordu.

Bu küçük fırsatı değerlendiren Bediüzzaman, bu talebesini **"Nur postacısı"** olarak istihdam etti. Elle çoğaltılan risalelerin tashih edilmek üzere Bediüzzaman'a getirilmesini ve yeni yazılan risalelerin de etrafa dağıtılmasını Mehmet Gülırmak yapıyordu.

Isparta'da kaldığı dokuz aylık zaman diliminde **İhtiyarlar Risalesi, İktisat Risalesi** ve **Hastalar Risalesi** adı ile bilinen üç tane uzun risale yazılmış ve etrafa dağıtılmıştı.

ESKİŞEHİR HAPİSHANESİ

Bediüzzaman'ı sürgünlerle, gözaltında tutmakla durdurmanın mümkün olmadığını anlayan nadanlar, bu kez onu imha etme yollarını denemeye koyuldular.

Bediüzzaman'ın bir cuma namazına giderken, binlerce insanın sokaklara dökülerek onu görmek istemesi bahane edilerek civar illerden de topladıkları yüz yirmi talebesi ile birlikte **Mayıs 1935**'te tutuklanıp **Eskişehir Hapishanesi**'ne kondu.

Bu arada Ankara'da da büyük bir hareketlilik oldu. İçişler Bakanı Şükrü Kaya, Ankara'dan Emniyet Genel Müdürü ve Jandarma Genel Komutanı ve yüz yirmi askerle, yirmi polisi de yanın alarak Isparta'ya geldi.

Aslında verilen gizli bir emir gereği, kamyonlara bindirilerek Eskişehir'e götürülen Bediüzzaman ve talebelerinin, tenha bir yerde indirilip öldürülmesi gerekiyordu. Ancak bu işle görevli **Binbaşı Ruhi Bey** bu emri yerine getirmedi. Bu imha emrini yerine getirmeyen Binbaşı Ruhi Bey emre itaatsizlikten ordudan atıldı.[47]

Hapishane şartları çok ağırdı. Bediüzzaman hücre hapsindeydi. Talebeleri bir koğuşa toplatılmıştı. Bunca insanın olduğu bir koğuşta tuvalete gitme izni yoktu. Kaç gün sonra, kapının yanından bir delik açılır ve oradan uzatılan bir boru ile tuvalet ihtiyaçları karşılanmaları istenir. Geceleri uyumak imkansızdı. Pislik, tahtakurusu ve hamam böcekleri dolu olan bu koğuşta kalanlar ne de olsa idam edileceklerdi. Bu nedenle on iki gün boyunca yiyecek bir şeyler de verilmedi.

Ama gelin görün ki, Bediüzzaman bu şartlarda eser telif ediyordu. On bir ay kaldığı bu hapishanede, beş tane eser kaleme aldı. Bunlar; Yirmi Sekizinci, Yirmi Dokuzuncu, Otuzuncu Lemalar ile Birinci ve İkinci Şualardır.

Hapishaneleri **"Medrese-i Yusufiye"** olarak isimlendiren ve birer ıslah yeri olarak telakki eden Bediüzzaman ve talebeleri, diğer mahpuslarla iletişime geçerek bir süre sonra Eskişehir Hapishanesi'ni bir eğitim ve ıslah yuvasına çevirdiler. Nice azılı katiller buradan, ıslah olmuş birer vatansever olarak çıktılar.

Tutuklu olarak mahkemeleri devam ediyordu. Ankara'nın şiddetli ve tehditli baskısı altında olan Eskişehir Ağır Ceza Mahkemesi heyeti on bir ay sonra, son kez Bediüzzaman ve talebelerini muhakeme ederek, Bediüzzaman'a on bir ay hapis cezası ile

---

[47] Şahiner, Son Şahitler, Mehmet Gülırmak maddesi, c.II, s.20.

Kastamonu'da mecburi ikamet ve on beş talebesine de altışar ay hapis cezası verildi.

KASTAMONU HAYATI

Bediüzzaman zaten on bir ay tutuklu kaldığı için talebeleri ile birlikte **1936 Mart**'ında tahliye edilerek, Kastamonu'ya gönderildi.

Yedi buçuk yıl sürecek olan Kastamonu'daki mecburi ikamet hayatına elli dokuz yaşındayken başlayan Bediüzzaman'ın ilk üç ayı polis karakolunda misafir olarak geçti.

Ardından karakolun hemen karşısında bir eve taşındı. Evin içini karakoldan takip edebilmek için karakola bakan pencerelerine perde çekilmesi yasaklanmıştı. Güya serbest bırakılmıştı, ama tam bir esaret hayatı yaşatılıyordu. Kendisini ziyarete gelenleri hemen alıp karakola götürülüyor ve işkencelerden geçiriliyordu.

"İlahi kader şimdi de burada hizmet etmemi istiyor." diyen Bediüzzaman, bir an boş durmadı. Bir vesile ile tanıştığı **Çaycı Emin**'e yorganını sattı ve tekrar ondan kiralamak üzere geri aldı. Çaycı Emin her gün gelip kirasını alacaktı. Nitekim de öyle oldu. Her gün eve kira almaya gelen Çaycı Emin, artık Bediüzzaman'la talebeleri arasındaki iletişimi sağlayan **"Nur postacısı"** olmuştu.[48]

"Bediüzzaman'ın hakkında ancak bu adam gelebilir." denilerek, Kastamonu'ya **Avni Doğan** vali olarak tayin edilmişti. Dört yıl boyunca burada valilik yapan Avni Doğan, Bediüzzaman ve talebelerine zulüm adına elinden gelen her şeyi yaptı.

---

[48] Emin Çayırlı (Çaycı Emin) maddesi, Şahiner, Son Şahitler, 2:95-102.

Hapishane günlerini aratan bu şartlarda, Bediüzzaman kendi görevini yapmakla meşguldü. Yeni eserler yazılmaya ve çoğaltılmaya devam etti. Risaleler içinde ayrıcalıklı bir yeri olan başta "**Ayetü'l-Kübra Risalesi**" olmak üzere **Üçüncü Şua**'dan **Dokuzuncu Şua**'ya kadarki risaleler burada yazıldı ve etrafa yayılarak okundu, çoğaltıldı.

Bu arada, Bediüzzaman için sürpriz sayılabilecek bir olay yaşandı: Asiye Hanım adında bir kadın, **Mevlana Halid Hazretlerine** ait bir cübbeyi getirip Bediüzzaman'a teslim etti.

"Yüz senelik mesafeden **Mevlana Halid** tarafından kendisine giydirildiğini" ifade eden Bediüzzaman, on dört yaşında iken kendisine icazet (sertifika/diploma) almanın işareti olarak giydirilen cübbeyi, yaşı küçük olduğu için giymemişti, bu gelen cübbeyi onun yerine kabul etti.[49]

Ölünceye kadar yirmi üç kez zehirlenen Bediüzzaman, Kastamonu'da da, ya gizlice evine girip yemeğine zehir katmak ya da manavdan aldığı meyvelere zehir şırınga etmek sureti ile büyük acılara maruz bırakıldı.

DENİZLİ HAPİSHANESİ

Tarih 1943'leri gösterdiğinde, Bediüzzaman'ı rejimleri için tehlikeli görenlerin emir ve tahrikleri ile Ramazan ayının başında evi basıldı, inceden inceye evin her yeri arandıktan sonra, bir mücrim (suçlu) gibi alınıp karakola götürüldü. Bir aya yakın karakolda tutulan Bediüzzaman, Kadir Gecesi'ne isabet eden **27 Eylül 1943** de, buradan alınıp, üç yüz kilometre mesafedeki Anakara'ya, oradan da Isparta'ya götürüldü. Burada da bir ay nezarette tutulduktan sonra Denizli'ye götürülerek, civar illerden tutuklana-

---

[49] Risale-i Nur Külliyatı, Sikke-i Tasdik-i Gaybi.

rak getirilen talebelerinin olduğu **Denizli Hapsine** kondu. Yetmiş yaşındaki bir insan için bu yolculuklar bile tek başına çileydi, azaptı.

Bu yolculuklar sırasında siyasi tarihimize bir kara leke olarak geçecek acı bir hadise yaşanır. Ankara'ya getirilen Bediüzzaman'ı teamüllere (alışagelmiş uygulamalara) aykırı olarak makamına getirten **Vali Nevzat Tandoğan**, başındaki sarığı zorla çıkartıp yerine, elindeki şapkayı koymak ister; ancak Bediüzzaman'ın sert direnişi ile karşılaşır.

Bediüzzaman, on yedi yıllık Anakar'a Valisi Tandoğan'ın bu çirkin fiili müdahalesine karşılık, eliyle boynunu göstererek yüksek bir ses tonuyla: **"Nevzaaaat, bu sarık ancak bu başla çıkar."** diyerek cevap verir ve odadan çıkar. Akşam üzeri istasyona götürülerek trenle Isparta'ya sevk edilir.[50]

Risale-i Nurlarla ilgili davaların Denizli'deki davayla birleştirilmesi kararının alınması üzerine Bediüzzaman ile birlikte Isparta, Kastamonu'daki Nur Talebeleri **25 Ekim 1943'te Denizli**'ye sevk edildi. İşin aslı ise, mahkemenin Denizli'de olmasını, zamanın Adalet Bakanı istemişti.

Denizli Hapishanesi'nin şartları Eskişehir Hapishanesi'ni aratmıştı. Bediüzzaman'ın talebelerine gönderdiği bir mektupta kullandığı şu cümle her şeyi anlatmaktadır:

"Eskişehir'de bana bir ayda çektirdiklerini burada bir günde çektiriyorlar."[51]

Bediüzzaman, içine bir yatağın ancak sığabileceği kadar dar, rütûbetli, havasız ve ışıksız bir hücreye konmuştu. Talebeleri ise, idamlık mahkumlarla aynı koğuşa konarak onlar tarafından öldürülmeleri amaçlanmıştı. Ancak idamlıkların reisi olan **Süleyman Hünkar** başta olmak üzere, kısa sürede bütün mahpuslar birer birer ıslah olmuş ve adeta Nur talebelerine ve Bediüzza-

---

[50] Risale-i Nur Külliyatı, Emirdağ Lahikası.
[51] Risale-i Nur Külliyatı, Şuâlar.

man'a hizmetkar olmuşlardır. Hatta idam edilmek üzere sırası gelenler abdest alıp, iki rekat namaz kılarak sehpaya çıkmışlardır.

Dört kişinin katili olan Mehmet ismindeki bir şahıs, kısa sürede Kuran'ı okumayı öğrendi, son yirmi iki sureyi ezberledi ve mahpuslara imamlık yapmaya başladı.[52]

Hapishane bir ıslahhaneye dönmüştü. Bediüzzaman, mum ışığında eser telif etmeye devam ediyordu. Eline geçen kağıt parçalarına yazdıklarını kibrit kutularına koyuyor ve koridora atıyordu. Kibrit kutusunu alan mahpuslar, koşarak koğuştaki arkadaşlarına ulaştırıyor ve kısa sürede yazılarak çoğaltılıyordu. Yazılanlar, bir şekilde dışarıya ulaştırılıyor ve diğer şehirlerdeki Nur talebeleri de bunları alıp okuyor, çoğaltıyor ve dağıtıyorlardı. On bir meseleden oluşan **Meyve Risalesi**'nin dokuz meselesi **ile On İkinci** ve **On Üçüncü Şualar** burada yazıldı.

Bu arada Bediüzzaman ile birlikte şiddetli zehirlenen talebesi Hafız Ali hapishanede, diğer talebesi emekli Binbaşı Asım ise mahkeme esnasında hayatını kaybederek şehit olmuşlardır. Bediüzzaman ise bir kere daha ölümden dönmüştür.

Said Nursi ve talebelerine isnat edilen suçlar Eskişehir Mahkemesi'nde yöneltilen suçlamaların aynısıydı. Tarikat kurmak, siyasi bir cemiyet oluşturmak, inkılaplara muhalefet etmek, dini duyguları istismar etmek iddiasında olan Denizli Cumhuriyet Savcısı, Risale-i Nurları tetkik etmesi ve mahkemeye bir rapor sunması için bilirkişi heyeti görevlendirdi.

Savcının belirlediği iki lise öğretmeninden oluşan bu heyetin ilmi yeterliliği ve vukufiyeti ciddi olarak tartışılırken, birkaç gün içinde savcının istediği istikamette bir rapor hazırlayarak mahkemeye sundular ve dava ağır ceza mahkemesine intikal etti.

---

[52] Şahiner, Son Şahitler, Süleyman Hünkar maddesi, c.II, s.268-273.

Utanç verici ve kasıtlı yanlışlarla dolu olan heyetin raporunu delillerle çürüten Bediüzzaman, bu duruma şiddetle itiraz etti ve ehil olan âlimlerden bir heyet tarafından incelenmesini istedi. Bediüzzaman'ın itirazını kabul eden mahkeme heyeti, davayı Ankara Ağır Ceza Mahkemesi'ne gönderdi ve Hakim Emin Büke'nin nezaretindeki üç âlimden oluşan bilirkişi heyeti bütün Risaleleri incelemeye başladı.

Uzun süren bu inceleme neticesinde hazırlanan raporda; Risalelerin yüzde doksanının iman hakikatlerinin ilmi izahı olduğu, ne ilim yolundan ne de din esaslarından hiç ayrılmadığı, Bediüzzaman'ın siyasi bir faaliyeti ve hedefi olmadığı, eserlerinin bir Kuran tefsiri olduğu ifade ediliyordu.

Nihayetinde bu raporu da dikkate alan mahkeme heyeti, Bediüzzaman ve talebelerinin de müdafaalarını dinledikten sonra, 16 Haziran 1944'te oy birliği ile tüm mahkumların beraatına ve hemen salıverilmelerine hükmetti. Buna rağmen savcı, mahkumları beraat etmeyerek cezalandırılmaları için diretti ve davayı Ankara'daki temyiz mahkemesine gönderdi. Temyiz mahkemesi, 30 Aralık 1944'te bu başvuruyu reddederek Denizli Mahkemesi'nin beraat kararını onayladı.

EMİRDAĞ HAYATI

Talebeleri ile birlikte tahliye edilen Bediüzzaman, Denizli halkının büyük ilgisi ile karşılaştılar. Şehir Palas oteline yerleşen Nursi, burada bir buçuk ay kaldıktan sonra Afyon ilinin Emirdağ ilçesine mecburi ikamet etmek üzere ayrıldı. Mahkemenin beraat kararı verdiği Nursi için bu kez hükümet devreye girip hükmünü bu şekilde veriyordu.

Bediüzzaman'ın hayatı, mahkemenin hapis kararı ile hükümetin sürgün kararı arasında geçiyordu. 1925'ten, 1960 yılı vefat tarihine kadar hayatı hep böyle geçecekti.

Emirdağ'a getirilen Bediüzzaman, polis karakolu ile hükümet binasının karşısında yer alan bir eve yerleştirildi. Camiye gitmesine izin verilmediği gibi, kimseyle görüşmemesi için de kapısında ve penceresinin önünde sürekli polis bekletiliyordu. Bediüzzaman, talebelerine gönderdiği mektuplarda kendisine yapılanların **"Denizli hapsini arattığını"** ifade ediyordu. Emirdağ'ın eşrafından olan Çalışkanlar ailesi Bediüzzaman'a sahip çıkmış ve kaldığı evin altındaki dükkandan bir delik açarak Bediüzzaman'ın ihtiyaçlarını karşılamaya çalışmışlardır.

Bediüzzaman'ı bir türlü mağlup edemeyen gizli şer odakları, onu Emirdağ'ında üç kez zehirleyerek ağır ıstıraplar çektirdiler. İnayeti ilahiye ile ölümden dönen Bediüzzaman, risalelerin telifine kaldığı yerden devam ediyordu.

Bu sıralarda güzel gelişmeler de yaşandı. Yargıtay Birinci Ceza Dairesi, 30 Aralık 1944 tarihinde verdiği kararla, savcı tarafından temyiz edilen Denizli Ağır Ceza Mahkemesi'nin beraat kararını onayladı.

Bir diğer gelişme ise, Risalelerin artık teksir makinesi ile çoğaltılmasıydı. 1946 yılında bir ithalatçı firma tarafından Türkiye'ye getirilen ilk teksir makinelerinden üç tanesini Nur talebeleri almış, Isparta ve İnebolu'da Risaleler teksir makinesi ile seri bir şekilde çoğaltılmaya başlanmıştı.

Bu arada, sınırlı da olsa hacca gitmeye müsaade edilmesi ve hacıların bazı risaleleri yanlarında hacca götürmeleri, bu eserlerin İslam dünyası ile buluşmasına; Hristiyan misyonerlere verilen **Asayı Musa** ve **Gençlik Rehberi**'nin de Amerika'ya götürülmesi ise bu eserlerin batı dünyası tarafından tanınmasına bir vesile olmuştu.

AFYON HAPİSHANESİ

Risalelerin hızlı bir şekilde çoğaltılarak yayılması, gizli mihrakların tekrar harekete geçmesine, Bediüzzaman ve talebelerini tamamen ortadan kaldırmak adına bir çok komplolar hazırlandı ve sırası ile bunlar devreye sokuldu.

1948 yılına gelindiğinde, her zaman yaptıkları gibi devlet yetkililerini yalan yanlış bilgilerle tahrik edip, Bediüzzaman ve talebelerinin üzerine daha sert bir şekilde saldırtmaya başladılar. Önce zamanın Cumhurbaşkanı Afyon'a gelip, incelemeler yaptı ve ardından Bediüzzaman'a dönük baskılar şiddetlenmeye başladı. Hemen ardından İçişleri Bakanı, Afyon Valisi ile Emniyet Müdürü'nü gece vakti Bediüzzaman'ın evini basmak için Emirdağ'ına gönderdi. Ancak savcı bu gece baskınını uygun görmediği için sabah vakti evinin kapısını kırarak içeri girdiler, ama Kuran ve bazı Risalelerden başka bir şey bulamadılar.[53]

Bu arada civar illerdeki bütün Nur talebelerinin evleri didik didik arandı ve bazıları göz altına alındı. Bir taraftan Vali ile Emniyet Müdürü sürekli Emirdağ'a gelip giderken, beş tane uçak da Emirdağ üzerinde uçuşlar yaparak, halka ve Nur talebelerine göz dağı veriyorlardı.

Komplonun bir parçası olarak, üç tane sivil kıyafetli polis Emirdağ'ına gönderildi. Bunlardan Salih isimli polis, bir kağıdın üzerine; **"Said Nursi, talebelerine bakkaldan içki aldırttı."** diye bir not yazdırdı ve oradaki bazı vatandaşlara imzalatmaya çalıştı. Fakat hiç kimse buna ihtimal vermediği için imzalatamadı.[54]

Bu defa Bediüzzaman'ı karakola götürüp beş altı saat boyunca ayakta bekletmek sureti ile olur olmaz sorular sorarak, gi-

---

[53] Risale-i Nur Külliyatı, Emirdağ Lahikası.
[54] Risale-i Nur Külliyatı, Emirdağ Lahikası.

diş gelişlerde ise halkın önünde sarığını kafasından, çekiştirip çıkartmaya çalışarak tahrik etmek istediler.

Bu komployu fark eden Bediüzzaman, inanılmaz bir sabır gösteriyor ve talebelerine de gönderdiği mektuplarda, oyuna gelmemeleri için uyarıyor ve şöyle diyordu:

"Bu milletin asayişine, hususan masum çocukların, biçarelerin, ihtiyarların, hastaların ve fakirlerin dünyevi istirahatlarına ve uhrevi saadetlerine binler hayatımı, haysiyet ve şerefimi feda etmeye hazırım."

Bu yıldırma ve tahrik etme çabaları bir bir boşa çıkıyordu. Ancak, komploların hiçbiri tutmayınca, yine hapis yolu görünmeye başladı. **23 Ocak 1948**'de başta Bediüzzaman olmak üzere, civar illerde bulunan çok sayıda talebeleri ile birlikte tutuklanarak **Afyon Cezaevi**ne kondular.

Böylece, daha önceki üç mahkemenin beraat kararları hiçe sayılarak, aynı iddialarla tekrar dava açılmış, Eskişehir ve Denizli hapishanelerinin şartlarını mumla aratacak Afyon Mahkemesi süreci başlamıştı.

Bu kez, kesin sonuç alınmak üzere hiç olmazsa Bediüzzaman'ın işi bitirilmeliydi. Hapishanenin en üst katındaki, yetmiş kişi kapasiteli ve çoğu kırık olan yirmi dört pencereli bir koğuşa Bediüzzaman tek başına kondu. Eksi yirmilere kadar düşen dondurucu kış soğuğunda, kendisine soba dahi verilmeyen yetmiş yaşının üzerindeki bu ihtiyar, açlıktan bitkin bir hale düşürülerek kendisine üç kez zehir verildi.

İşin en ilginç tarafı ise, hemen karşıdaki koğuşta hem sıcak su akıyor ve hem de dökme soba yanıyordu. Orada ise komünist ve idamlık mahpuslar vardı.

Daha önceleri olduğu gibi, her seferinde Allah'ın inayeti ile ölümden geri dönen Bediüzzaman, bu tahammülsüz ıstıraplara, çilelere sabrediyor ve talebelerine de bir şekilde ulaştırdığı teselli mektupları ile onları da sabretmeye davet ediyordu.

Kısa süre içinde Afyon Hapishanesi diğer hapishaneler gibi bir mektebe ve ıslahhaneye dönüşmüş ve Bediüzzaman da **On Beşinci Şua** olan El Hücettüzzehra risalesini telif etmeye başlamıştı. Nice azılı katiller ve nice ırz ve vatan düşmanları ıslah olmaya başlamış ve hâlim selim birer vatandaş haline gelmişlerdi. Tahliye süresi dolanlar, **"Nur talebelerinin yanında huzurluyuz"** diyerek çıkmak istemiyor ve gardiyanlar tarafından zorla çıkartılıyorlardı.

Devam eden mahkeme, nihayet 6 Aralık 1948'de kararını verdi. Bediüzzaman'a yirmi ay, bir çok talebesine de altı ve on sekiz ay aralığında değişen hapis cezasına hükmetti. Karar hemen temyiz edildi ve Yargıtay altı ay sonra, 4 Haziran 1949 Afyon Mahkemesinin kararını bozdu.

Bu karar üzerine Bediüzzaman ve talebelerinin derhal serbest bırakılması gerekirken, Afyon Mahkemesi ve özellikle gaddar savcısı, oyalama süreci başlatarak Bediüzzaman'ın yirmi ay hapiste kalması tamamlandıktan sonra serbest bırakıldı.

Afyon Mahkemesi buna rağmen devam etti ve Risale-i Nur nüshalarının toplattırılması kararı aldı. Bu karar yine temyiz edildi ve temyiz mahkemesi yine kararı bozdu. Ama savcı inadından vazgeçmiyordu. Süreç devam etti ve nihayet Temyiz Mahkemesi, Diyanet İşler Başkanlığı'ndan, Risaleleri incelemek üzere bir heyet oluşturmasına karar verdi. Risaleleri inceleyen heyetin raporu üzerine Afyon Mahkemesi mecbur kalarak Risalelerin beraatına ve toplattırılan nüshaların da geri verilmesine karar verdi. İnatçı savcı nihayet mağlubiyeti kabul etmişti.

İKİNCİ KEZ EMİRDAĞ'INDA

Bediüzzaman serbest bırakıldı, ama sürecin nasıl işleyeceği belliydi. Yine Ankara'dan gelen emir üzerine Afyon'da polis gözetiminde mecburi ikamete tabi tutuldu. Yetmiş iki gün burada tutulan Bediüzzaman 2 Aralık 1949'da hapis öncesi ikamet ettiği Emirdağ'a geçti.

Bu arada siyasi arenada da sıcak gelişmeler yaşanıyordu. Kurulduktan hemen sonra halkın büyük teveccühünü kazanan Demokrat Parti 1950'de halkın yüzde elliden fazla oyunu alarak iktidara geldi. Bediüzzaman Demokrat Parti'nin ilk üç senesinde Emirdağ'ında ikamet etmeye devam etti.

Demokrat Parti'nin gelmesi ile kısmi bir rahatlama olmuştu. Ama kısa süre sonra, tekrar Cumhuriyet Halk Partisi'nin saldırıları, karalama kampanyaları, Demokrat Parti'yi Bediüzzaman ve talebelerinin üzerine tahrik etme gayretleri hep devam etti.

İSTANBUL MAHKEMESİ

Bu arada mahkemeler açılmaya devam ediyordu. 1952'de İstanbul'da, **Gençlik Rehberi** adlı kitap hakkında bir dava açıldı ve Bediüzzaman İstanbul'a gelerek mahkemede hazır bulundu. Sirkeci'deki Akşehir Palas Oteli'ne yerleşen Bediüzzaman ve talebeleri 22 Ocak 1952 tarihinde, bugün Büyük Postane olarak bilinen o zamanki mahkeme binasında duruşmaya katıldı.

Seksen yaşına yaklaşmış bu zatın mahkemesi halkın büyük ilgisini kazanmış, gerek mahkeme binasının dışında ve gerekse duruşma salonu ile koridorlarda büyük izdiham olmuştu. Mahkeme çıkışı, izleyenlerin alkışları arasında ikindi namazını kılmak üzere Sultan Ahmed Camii'ne gitti. İki kez ertelenen mahkeme nihayet 5 Mart 1952'de yapılan son duruşmada, dava konusu kitabın 1943'teki Denizli Mahkemesi'nde beraat kararı **al-**

dığı ve bu kararın Yargıtayca⁵⁵ onaylandığı dikkate alınarak "meni muhakeme kararı" verilip dava kapatıldı.⁵⁶

Mahkemenin bitmesi ile birlikte Emirdağ'ına dönen Bediüzzaman, **1953** ilk baharında tekrar İstanbul'a gitmek durumunda kaldı. Çünkü **Samsun Ağır Ceza Mahkemesi**'nde hakkında açılan davaya bizzat katılması ısrarla istenmiş ve Bediüzzaman da ancak İstanbul'a kadar gelebilmişti. Burada, ne havada ne karada ve ne de denizde seyahat edemeyeceğine dair rapor aldığı için, müdafaasını İstanbul Ağır Ceza Mahkemesi'nde yaptı.

İstanbul'a bu ikinci gelişinde, önce Beyazıt'taki Marmara Palas Oteli'nde bir süre kaldı. Ardından Fatih'te bir ahşap eve yerleşti. Mahkeme devam ederken, Bediüzzaman bir yandan Risalelerin neşri ile meşgul oluyor, diğer yandan da İstanbul'da bazı ziyaretlerde bulunuyordu.

O yıl İstanbul'un fethinin 500. yıl dönümü idi. Bediüzzaman bu kapsamda düzenlenen törende hazır bulundu. Zamanında Bediüzzaman ile birlikte Yeşilay Cemiyeti'ni kuran Fahrettin Kerim Gökay İstanbul Valisi olarak törende bulunuyordu. Bediüzzaman'ın orada olduğunu duyunca, şeref türbininde hemen yanında ona yer verdi ve Bediüzzaman buradan kutlamaları izledi.⁵⁷ Bu arada Fener Rum Patrikhanesi'ni de ziyaret ederek Patrik Athenagoras ile görüştü. Fener Rum Patriği'ne, **"Hazreti İsa'nın bozulmamış olan gerçek dinini kabul edip, Hazreti Muhammed'in (s.a.v) peygamberliğini ve Kuran'ın da Allah'ın kelamı olduğunu kabul etmeleri halinde kurtuluş ehli olacaklarını"** söyledi."⁵⁸

---

⁵⁵ Yargılamaların yolunda yapılıp yapılmadığını incelemekle görevli yüksek yargı kurulu, Temyiz Mahkemesi.
⁵⁶ Risale-i Nur Külliyatı, Tarihçe-i Hayat.
⁵⁷ Şahiner, Son Şahitler, Muhsin Alev ve Mehmet Fırıncı maddeleri, c.4, s.330 ve 360-361.
⁵⁸ Şahiner, Bilinmeyen Taraflarıyla Bediüzzaman Said Nursi, s. 255.

ISPARTA HAYATI

Üç ay kadar İstanbul'da kalan Bediüzzaman tekrar Emirdağ'ına geldi ise de 23 Ağustos 1953'te Isparta'ya yerleşmek üzere oradan da ayrıldı.

Gizli komitelerin tahrikleri devam ediyordu. Bediüzzaman ve Nur talebeleri üzerinden Demokrat Partiye yüklenen muhalefetin saldırılarına karşı, Adnan Menderes'e yazdığı mektuplarla onu uyarıyor ve bazı tavsiyelerde bulunan Bediüzzaman, talebelerinin de Demokrat Parti'ye yardımcı olmalarını istiyordu. Ehvenişer olarak gördüğü Demokrat Parti'nin varlığı Müslümanlar için bir fırsattı. Nitekim bu süreçte Risaleleri, bir derece serbest bir ortamda basılıp çoğaltılıyordu.

Böylece Bediüzzaman, kendisine yapılan bütün haksızlıklara rağmen, hukukî bir zeminde kalarak verdiği hukuk savaşından, kelimenin tam anlamıyla zaferle çıkmıştı.

Uzun süre devam eden ve sürekli kamuoyunun gündeminde yer alan Bediüzzaman'ın mahkemeleri, Risale-i Nur'un ilânı hükmüne geçmiş, Anadolu insanı aradığını nerede bulacağını bu sayede öğrenmişti. Artık, gençlerin ve mekteplilerin iman hakikatlerinden hakkıyla istifade edebilmesi için yeni yazıyla (Latin harfleriyle) yazılan Risaleler matbaalarda sürekli basılıyor, yurdun her yanına dağıtılıyor ve her geçen gün imanını onunla kurtaranlara yenileri ekleniyordu.

Bu arada **"Bediüzzaman'ın Tarihçe-i Hayatı"** isimli otobiyografik çalışma, talebeleri tarafından kaleme alınmış ve bizzat kendisi tarafından kontrol edildikten sonra, gerekli düzeltmeler yapılarak Risale-i Nur Külliyatı'na dâhil edilmişti.

Bediüzzaman, bundan sonraki hayatını daha önce sürgün ve mahpus olarak gittiği yerlerdeki dostlarını ziyaretle geçirecekti. Merkez Isparta olmak üzere, sık sık kısa seyahatlerle Afyon,

Emirdağ, Eskişehir, Eğirdir ve Barla'ya gidiyordu. Eski mekânlarını ziyaret ediyor, dostlarıyla görüşüyor, talebelerine "dersler" yapıyordu.

2 Aralık 1959'da Ankara'ya yaptığı ziyaret, artık Bediüzzaman'ın veda seyahatlerinin başladığını gösteriyordu.

Ankara'da bir gece kalarak dost ve talebeleriyle görüştükten sonra, 3 Aralık 1959 günü Ankara'dan Emirdağ'a, oradan da Isparta'ya gitti. On beş gün sonra tekrar Emirdağ'a döndü. Konya'daki talebelerinin daveti üzerine 19 Aralık 1959'da Emirdağ'dan ayrılarak Konya'ya gitti. Burada talebeleriyle görüştü ve Mevlâna'nın türbesini ziyaret etti. Aynı gün Isparta'ya gitmek üzere Konya'dan ayrıldı.

Ankara'daki talebeleri yine ısrarla kendisini davet etmekteydiler. Bu ısrarlar üzerine **31 Aralık 1959 günü Ankara'ya geldi.** Ancak bu defaki gelişi, basında tartışmalara yol açtı. Demokrat Partili milletvekillerinin kendisini davet ettiği yönünde asılsız haberler yayınlandı. Said Nursî, bir gece Beyrut Palas Oteli'nde kaldı, ertesi gün İstanbul'a hareket etti. İstanbul'da Divan Yolundaki Piyer Loti Oteli'nde bir gece kalarak talebeleriyle görüşüp vedalaştı ve 3 Ocak 1960 gününün akşamında, Ankara'ya dönmek üzere İstanbul'dan ayrıldı.

Daha önceki Ankara seyahatlerinde olduğu gibi bu defa da Beyrut Palas Oteli'nde kaldı. Ertesi gün talebeleriyle görüştü. Ve son dersini yaptı. **"Vasiyetnamem hükmündedir."** dediği son dersinde Bediüzzaman, kendi hayatından, sahâbelerden ve Resulullah'ın/Allah'ın Elçisi'nin (a.s.m.) hayatından örnekler vererek talebelerine istikametten ayrılmamalarını, müspet hareket etmelerini, iman hizmetine ihlâsla devam ederek asayişi muhafaza etmelerini öğütlüyordu.

6 Ocak 1960 günü saat 10:30 sıralarında Konya'ya gitmek üzere hareket etti. Konya'ya vardığında beklenmedik bir manzarayla karşılaştı. Konya'nın bütün giriş çıkışları tutulmuş,

her yerde güvenlik tedbirleri alınmıştı. Bediüzzaman'ın arabasını gören polisler derhal etrafını kuşattılar ve takip etmeye başladılar. Kardeşi Abdülmecid'i ziyaret eden Bediüzzaman, Hz. Mevlâna'nın türbesini de ziyaret ederek Emirdağ'a gitmek üzere Konya'dan ayrıldı.

Emirdağ'da dört gün kaldıktan sonra 11 Ocak'ta tekrar Ankara'ya gitmek için yola çıktı. Ancak bu kez Said Nursî'nin şehir merkezine girişi polis tarafından engellendi. Yaklaşık otuz yıl boyunca sürgünler ve mahkemeler yoluyla baskı altında tutulan, her hareketi çok yakından izlenen, fakat mahkemelerin suçsuz bularak serbest bıraktığı Bediüzzaman'ın seyahatleri, bazı çevreleri evhamlandırıyordu.

Ankara'ya girmesi engellenen Said Nursî, Emirdağ'a geri döndü. Buradaki bir haftalık ikametinden sonra 20 Ocak günü Isparta'ya gitti ve burada bir buçuk ay kaldı.

SON YOLCULUK URFA'YA

Ramazan ayı geldiğinde Bediüzzaman ağır hastaydı. Takvimler 19 Mart 1960 tarihini gösteriyordu. Said Nursî yanındaki talebelerine Urfa'ya gitmek istediğini söyledi. Arabası hazırlandı ve seksen iki yaşındaki Bediüzzaman, ağır hasta hâliyle arabanın arka koltuğunda yola çıktı. 20 Mart'ta yağmurlu bir havada yaşanan bu yolculuk, onun son yolculuğuydu.

21 Mart günü Urfa'ya ulaştığında talebeleri kendisine Halilürrahman Dergâhını göstermek istediler. Ama o yürüyemeyecek kadar rahatsızdı. Onu şehrin en iyi oteli olan İpek Palas Oteli'ne yerleştirdiler. Bu arada otele gelen polisler, derhal Isparta'ya dönmesi emrini tebliğ ettiler. Bunu duyan halk otelin önüne toplandı. Polis ısrarla Bediüzzaman ve yanındaki talebelerinin Urfa'dan ayrılmasını istiyordu. Bu baskı sürerken **Bediüzzaman**

23 Mart 1960 günü 27 numaralı odada, sabaha karşı vefat etti.

Hayatı boyunca dayanılması güç acılara ve baskılara maruz kalmasına rağmen, hayat tarzıyla bir destan yazan Bediüzzaman, arkasında miras olarak altı bin sayfalık Risale-i Nur Külliyatı ile milyonlarca Nur talebesini bırakmıştı.

Büyük bir cemaatle kılınan cenaze namazından sonra Bediüzzaman'ın naaşı Halilürrahman Dergâhı'nda kendisine ayrılan yere defnedildi. Bediüzzaman'ın ahiret yolculuğunu duyan dostları ve talebeleri yurdun dört bir tarafından gelerek ziyaret ediyor, dualar ediyor, hatimler indiriyor, gıyabî cenaze namazı kılıyorlardı. Artık Urfa'da kalabalıklar hiç eksik olmuyordu.

Bediüzzaman'ın vefatından, yaklaşık iki ay sonra 27 Mayıs 1960'da bir askerî darbe oldu. Türkiye'de Demokrat Parti iktidarı boyunca yaşanan ekonomik ve dinî gelişmelerden rahatsız olan çevreler adına, askerler iktidara el koydu. Cuntadan oluşan Millî Birlik Komitesi hükümeti, ilk iş olarak geniş çaplı tutuklamalar başlatarak Demokrat Parti'nin ileri gelenlerini Yassıada Hapishanesi'nde topladılar.

Millî Birlik Komitesi hükümeti Bediüzzaman'ın kabrinin nakledilmesine karar verdi. Kanunî prosedürü ihmal etmeyen ihtilâl komitesi, Bediüzzaman'ın Konya'da yaşayan kardeşi Abdülmecid Nursî'den tehdit ile bir nakil dilekçesi alarak, **12 Temmuz 1960 gecesi Urfa'daki mezarını kırdırarak açtırdı.** Bediüzzaman'ın naaşını, askerî bir uçağa koyarak Afyon askerî havaalanına indirtti. Kara yolu ile yapılan uzun bir yolculuktan sonra, yerini Abdülmecid Nursî'nin de bilmediği bir mezara defnettirdi. Hayatta iken onun varlığını istemeyenler, vefatından sonra da onu rahat bırakmamışlardı.

RİSALE-İ NUR NEDİR?

"Gerçekten Aziz ve Celil olan Allah her yüz sene başında şu ümmetin dinini bidatten (dine sonradan sokulan hurafelerden) ayıracak, yenileyecek (ilim sahibi) BİR ZÂT'I gönderir!"[59]

Her asır başında hadisçe geleceği tebşir (müjde) edilen dinin yüksek hizmetçileri;[60] görevleri itibariyle, dine ait herhangi bir meselede ve dinin aslında olmayan, İslâm'ın ruhuna aykırı (bidatları) yenilikleri ortaya atan (bir modernist ve reformcu) şeklinde değil, daha ziyade dinin aslını koruyarak ona tâbi olanlardır. Yani, bu zatlar (Kuran'ın ve Sünnet'in gerçek hizmetçileri olarak) kendilerinden ve yeniden bir şey ortaya koymaz, yeni hükümler getirmezler. Dinin temel hususlarına ve dinî hükümlere; Peygamber Efendimiz'in kutlu yolunda harfiyen uyarak, İslam'ı kendi dönemlerinde her çeşit tıkanık ve engelleri de aşarak kolayca anlaşılır ve yaşanır hale getirmektir.

Dini değerlerin etrafındaki rabıtaları (bağları..) sağlamlaştırmak suretiyle de birliği ve beraberliği güçlendirmek. Zamanın her türlü aşındırıcı çarklarına rağmen; dinin hakikat ve asliyetini açığa çıkararak ve ona (İslâm'a) karıştırılmak istenilen bâtıl ve uydurma bilgileri (hurafeleri) kaldırıp onları çürütmekle temel kaynaklara ulaşan kanallardaki daralmaları açmak gibi.. önemli hizmetlere vesile olurlar. Dine yönlendirilmiş muhtemel saldırıları dahi red ve yok etme ve ilahi emirleri yerli yerine yerleştirerek, İslâmi hükümlerin şeref ve onurunu ve üstünlüğünü ortaya çıkarıp ilan ederler.

Ancak bu mürşitler (uyarıcılar) kutlu vazifelerini yaparken, İslâmî anlayışın genel bütünlüğünü bozmadan ve değerlerin özü-

---

[59] Ebû Dâvud, Melâhim 1; Taberânî, el-Mu'cemü'l-evsat 6/234; Hâkim, Müstedrek 4/567-568.
[60] *"Allah (c.c) bu ümmet için, her yüz senenin başında, dini tecdit edecek (yenileyecek, tazeliyecek) kimseler gönderecektir!"*

nü zedelemeden, yeni yorum tarzıyla, zamanın anlayışına uygun ve yeni ikna usulleriyle, yeni yönlendirmeler ve açıklamalarla vazifelerini yerine getirmiş olurlar.

Bu ilahi memurlar (müceddidler) icraatlarıyla ve eylemleriyle de memuriyetlerinin tasdikçisi olurlar. İnandıkları değerlere bağlılıkta gösterdikleri kararlılıkları, ihlas ve samimiyetlerine aynalık yaparak, bizzat, o kutlu görevi yerine getirirlerken liyakatlerini de göstermiş olurlar. Bununla beraber imandaki derecelerini de fiilen ortaya koyarak her sahada model olma nitelikleriyle öne çıkarak belirgin hale gelirler. Hz. Muhammed'in (a.s.m) güzel ahlâkının tam uygulayıcısı olan bu zatlar; bu yönleriyle de örnek tatbikçi konumlarını her ne pahasına olursa olsun devam ettirirler.

Bu zatlar aynı zamanda, Peygamber Efendimiz'in üslubu; genel tavır ve tarzının ve Efendimiz Hz. Muhammed'in peygamberlik vasıf ve özelliklerinin hakiki giyinip-kuşanıcıları olduklarını yaşayışlarıyla göstermiş olurlar. Kısacası, fiil/eylem ve ahlâk bakımından ve Peygamberimiz'in her alandaki Sünneti'ne uyma ve ona sımsıkı sarılma yönünden Müslümanlara; uyulacak tam ve güzel bir örnek olarak, mükemmel bir misal teşkil ederler. Bu yüce şahsiyetlerin, Allah'ın kitabının tefsiri ve dini hükümlerin izahı ve zamanın anlayışına uygun ve bilgi seviyesine göre hitap etme tarzı ve muktezayı hâle mutabık (hâlin ve devrin şartlarına uygun) yazdıkları eserler ve ele aldıkları konular; kendi bakış açısı ve şahsi yönlendirme ve üstün pratik zekalarının ürünü değil, bizzat zeka ve irfanlarının neticesi de değil... Bu eserlerin ayırıcı farklılığı, doğrudan doğruya vahyin kaynağı olan peygamberlik ikliminin tertemiz, pırıl pırıl sultanı Efendimiz Hz. Muhammed'in mânevi ilham ve telkinatına sahip olmalarıdır.

Hz. Ali (r.a.) tarafından kaleme alınan ve Süryânice bir kasîde olan Celcelutiye ve Mesnevi-i Şerif ve Fütuhul-Gayb ve emsali eserler hep bu türdendir. Bu kutsi eserlere o yüce zatlar ancak tercüman hükmündedirler.

Bu mürşitlerin, o seçkin eserlerinin tanziminde (düzenlenmesinde) ve ifade tarzlarında bir hisseleri vardır; yani bu kutlu zatlar sadece o mânanın mazharı, aynası ve makesi (akseden parlak aynası..) hükmündedirler.

Risale-i Nur ve tercümanına gelince: Bu şanı yüce eserleri ihtiva eden Nur külliyatında şimdiye kadar emsaline rastlanmamış bir feyiz ve bir bitmez, tükenmez güzellik ve mükemmellik mevcut olduğundan ve hiçbir başka eserin nail olmadığı bir şekilde ilâhi meşaleye (ışığa) ve hidayet güneşine ve tertemiz dünya-âhiret mutluluğunun vesilesi olan Hazreti Kuran'ın feyzinin mirascısı olduğu ölçüde bariz görünür olduğundan, onun esası tamamen Kuran'a ait nurlar; Allah dostlarının eserlerinden ziyade Peygamber Efendimiz'in feyiz ve bereketinin taşıyıcısı bulunduğu ve peygamberlik boyutunun tertemiz, kusursuz sultanı Efendimiz'in ondaki hisse ve alakası ve engin tasarrufu, Allah dostlarının eserlerinden ziyade olduğu ve onun sahibi ve tercümanı olan zatın (Bediüzzaman'ın) gayreti ve kemalatı ise, o nispette de değerli ve emsalsiz olduğu, güneş gibi aşikar bir hakikattir.

Evet, o zat (Bediüzzaman) daha çocukluk döneminde iken ve hiç tahsil yapmadan, sadece bir şeyi elde etmek üzere, üç aylık bir tahsil müddeti içinde; geçmiş ve gelecek nesillerle alakalı tarihi tespit ve tahminleri; ledünniyat (ilahi bilgiler..) ve evrendeki mevcut oluşum (teşekkül..), varlığın sırları ve yanıltmayan ilahi bilgilerin varisi kılınmıştır ki, şimdiye kadar böyle pek büyük nimete (ilme) ve şerefe kimse nail olmamıştır.

Bediüzzaman gibi ilmi harikaların eşi ve benzerine geçmişte ender rastlanılmıştır... Hiç şüphe edilemez ki, Nurlar'ın tercümanı Bediüzzaman bu hal ve tavrıyla baştan başa iffet abidesi ve büyük cesareti ve Allah'tan başka kimsenin minnetini kabul etmemesindeki kararlılığı, eşi görülmemiş ahlâki meselelerdeki örnek tutumu, sağlam duruşuyla bizzat bir yaratılış mucizesi ve yeryüzünde cisimleşmiş ilahi bir yardım ve tamamen Allah vergisi bir fıtratın sahibidir.

Böyle olağanüstü özelliklere sahip olan zat, Bediüzzaman Said Nursi, daha ergenlik dönemine ermeden bir benzeri, dengi olmayan büyük bir âlim (bilge) sıfatıyla bütün ilim dünyasına meydan okumuş, münazara ettiği ilim adamlarını cevap veremez hale getirip susturmuş, her nerede olursa olsun sorulan bütün sorulara mutlak bir isabetle ve asla tereddüt etmeden cevap vermiş, on dört yaşından itibaren üstadlık payesini taşımış ve mütemadiyen (sürekli) etrafına ilmi bereket ve doğru bilginin aydınlatan nurunu, ışığını saçmıştır. Açıklamalarındaki incelik ve enginlik ve beyanlarındaki ulviyet ve sağlamlık; teveccühlerindeki derin ön sezi (feraset) ve keskin gözlem ve doğru bilginin aydınlatıcı ışığıyla ilim adamlarını şaşırtmış ve hakkıyla *"Bediüzzaman"* yüce ünvanını bahşettirmiştir.

Üstün vasıflar ve ilmin kazandırdığı faziletler, erdemler; İslâm'ın neşrinde ve ispatında olgunluk, mükemmel yeterlilik halinde kendisinde tam ve dengeli ortaya çıkmış böyle bir zat (Bediüzzaman), elbette ve şüphesiz o, en yüce Peygamber, Efendimiz Hz. Muhammed'in emir ve fermanıyla yürüyen ve tasarrufuyla hareket eden ve O'nun aydınlığına ve vahiy destekli hakikatlerine (davasına) varis ve izinde insanları güzel ahlâka uyaran yüce bir bilge, asil sıfatlara sahip kâmil bir mürşittir.

Peygamber Efendimiz'in insanlığa getirip hediye etmiş olduğu bütün manevi değerler ve ilimler ve ilahi meşaleden yansıyan feyizler en şâşalı bir şekilde ışıklarıyla etrafı parlatması; Kuran ve hadislerin (peygambere ait sözlerin) harflerindeki sayı değerlerinden çıkarılan birtakım işaretler (kendisinde..) en son noktaya, zirveye ulaşan bir kimse olması niteliğiyle ve yine Kuran'da Peygamber Efendimiz'e yönelik *"hitaplar"* ifade eden yüce ayetlerin riyazi (matematiksel) beyanlarının kendi üzerinde toplanması işaretiyle o zat, imana hizmeti noktasında risaletin (peygamberlik davasının) çok berrak aynası ve peygamberlik ağacının kıyamete yakın son nurlu, parlak bir meyvesidir. Ayrıca peygamberlik dilinin irsiyet (neseben mirasçısı olma..) noktasında en son gerçekleri söyleyen ağız ve ilahi meşalenin imana hizmet cihetinde son mutlu bir taşıyıcısı olduğuna şüphe yoktur.[61]

Evet, Bediüzzaman'ı tanıtma amaçlı sunumumuzu yaptıktan sonra, onun Kuran tefsiri olan Risale-i Nur Külliyatı'ndan Şuâlar eserindeki, Yedinci Şuâ bölümünde Kuran'dan bir âyeti açıklarken "Âyetül Kübra" adıyla ele almış olduğu, "Sahibini Arayan Gezgin" konulu yazısından esinlenerek, dünya misafirhanesine teşrif eden her insanın aklına gelen ve tüm akılları meşgul eden: "Ben kimim? Nereden geldim? Niçin buradayım ve nereye gidiyorum? Bu umumi sevkiyatı tüm gel-gitleriyle kim organize ediyor? Kimin kontrolünde bu kadar masraflar yapılıyor ve niçin?" gibi.. sorulara külliyattan yanıt aradım. Bulduğum manevi cevherleri siz okuyucularımla paylaşmak istedim. Umarım faydalı olmuştur.

---

[61] Risale-i Nur Külliyatı, Şuâlar.

Misafir

Dünya misafirhanesine konuk olarak gönderilen meçhul gezgin bir miktar dinlenip kendine gelince, yani bebeklikten çocukluk ve derken gençlik çağına girince, çevresini araştırmayı merak sardı. Aklıyla varoluşun sırlarını keşfetmek istiyordu... Biraz daha dikkatlice bakınca her şey üzerindeki ince denge, derin anlam ve düzenli uyumluluk ilgisini çekti. Bir fırsatını yakalayıp babasına danıştı...

Babası oğluna: "Evladım bende senin yaşlarında aynı sorulara muhatap oldum. Bu soruların yanıtı ve şifası, bize bizi, kainatı ve Sanatkârı'nı tarif etmek için gönderilmiş, şu Kuran'da gizlidir," dedi ve Kuran'dan İsra Suresi'ni açarak, "Okumaya bu sureden başla," diyerek tavsiye etti ve Kuran'ı eline tutuşturdu.

Genç gezgin, *"Rahman ve Rahîm olan Allah'ın adıyla"* diye başlayarak Kuran'dan, İsra Suresi'ndeki, *"Yedi kat gök, dünya ve onların içinde olan her şey Allah'ı cümle kusur ve noksan hallerden uzak bilip ifade ederler. Hiçbir şey yoktur ki Allah'ı övüp, hamd ile tenzih etmesin (şirkten uzak tutmasın). Ne var ki siz onların bu kusur ve noksanlıktan (şirkten..) uzak tutmalarını iyi anlayamazsınız. Bunca büyüklüğüyle beraber, kullarının gaflet ve ku-*

surlarına karşı, O, halimdir; çok müsamahalıdır. Gafurdur, çok affedicidir!"⁶² ayetini okudu.

Bu ayeti daha iyi anlamak için Kitap ve Sünnet ölçüleriyle kaleme alınmış usta yorumcuların tefsirlerine (yorumlarına) müracaat etti. Yetmedi.. mevcut varlıkların kendilerine özgü konuşmalarına ve lisanlarına kulak verdi:

O halde, dedi: "Rabbimizi bize tarif eden üç büyük, kapsamlı ve evrensel rehberler vardır. Bunlardan birisi şu kainat kitabı.. ikincisi şu büyük kainat kitabının en gözde, güzide ve seçkin rehberi ve peygamberlik divanının mührü olan Hazreti Muhammed Mustafa (s.a.v)..⁶³ üçüncüsü de şanı yüce Kuran'dır," kesin kanaatı zihninde oluştu.

Kuran'da pek çok ayetlerin, bu kainat Yaratıcı'sını bildirmek yönüyle, her vakit ve herkesin en çok hayretle bakıp, zevkle mütalâa ettiği en parlak bir tevhid sayfası olan gökyüzünü en başta zikretmelerindeki anlamı da gözönünde bulundurarak, okumaya gökyüzünden başlamak en uygunudur. Ayrıca fikirlerin karşılıklı konuşulmasından, tartışılmasından ve müspet (olumlu) çarpışmasından hakikat kıvılcımları ortaya çıkar...

Evet, bu dünya memleketine ve misafirhanesine gelen her bir misafir, gözünü açıp baktıkça görür ki: Yeryüzü çok cömertçe hazırlanmış bir ziyafet sofrası.. çok ince sanatlarla tasarlanmış bir sergi yeri.. ve çok muhteşem bir kışla ve talim yeri.. ve çok hayret, çok aşk ve şevk verici bir gezme ve izleme yeri.. ve araştırılmak için her şeyin çok anlamlı ve yerli yerince tasralandığı bir labor, bir inceleme yeri olan bu güzel misafirhanenin sahibini ve bu muhteşem kainat kitabının tasarımcısını ve bu görkemli memleketin sultanını tanımak ve bilmek için şiddetle merak

---

[62] İsrâ Suresi, 17/44.
[63] Peygamberimizin mübarek ismi anıldığında gönülden "Sallallâhu aleyhi ve sellem," okunur. Kısaca anlamı, Allah'ın selamı üzerine olsun! Bu salavatı yazarkende kısaltılmış şekli (s.a.v)'dir. Zaman zaman "Aleyhissalatü vesselam" şeklinde de yazılıp okunur ve kısaltılmış hali (a.s.m)'dır.

ederken, en başta göklerin nur yaldızıyla yazılan güzel yüzü görünür. "Bana bak! Aradığını sana bildireceğim" der.

O da bakar, görür ki:

Bir kısmı, dünyamızdan bin defa büyük ve o büyüklerden bir kısmı top güllesinden yetmiş derece süratli yüz binler gök cisimlerini; gezegenleri, yıldızları direksiz, düşürmeden durduran.. ve birbirine çarpmadan haddinden fazla çabuk ve beraber gezdiren.. yağsız, söndürmeden mütemadiyen o hadsiz lâmbaları yandıran.. ve hiçbir gürültü ve isyan çıkartmadan o nihayetsiz büyük kütleleri idare eden.. ve güneş ve kamerin vazifeleri gibi, hiç isyan ettirmeden o pek büyük yaratıkları pek büyük vazifelerle çalıştıran.. ve iki kutbun dairesindeki hesap rakamlarına sıkışmayan bir nihayetsiz uzaklık içinde, aynı zamanda, aynı kuvvet ve aynı tarz ve aynı zât tarafından yapıldığına dair mühür ve aynı surette (ve biçimde), beraber, noksansız tasarruf eden.. ve o pek büyük taşkın kuvvetleri taşıyanları, tecavüz ettirmeden kanununa itaat ettiren.. ve o bitip tükenmez kalabalığın enkazları gibi, göğün yüzünü kirletecek süprüntülere meydan vermeden, pek parlak ve pek güzel temizlettiren.. ve bir muntazam ordu manevrası gibi tatbikatla gezdiren.. ve dünyayı döndürmesiyle, o görkemli tatbikatın başka bir surette (ve görünümde) hakikî ve hayalî tarzlarını her gece ve her sene sinema levhaları gibi seyirci mahlûkatına gösterip her şeyi kuşatan bir idarenin.. ve o idare faaliyeti (etkinliği) içinde görünen itaat, tedbir, çekip çevirme, tanzim, temizleme, görevlendirme gibi vazifelerden teşekkül etmiş bir hakikat, bu büyüklük ve kuşatma ile o semavat (göklerin) Yaratıcı'sının varlığının kesinliğine ve birliğine ve O'nun mevcut (var olan) varlığı, semavatın (göklerin) varlığından daha açık bulunduğuna bizzat görerek şahitlik eder.

Sonra, dünyaya gelen o yolcu adama ve misafire, atmosfer denilen ve harikulade şeylerin toplandığı yer olan gökyüzü, gürültüyle konuşarak bağırıyor; "Bana bak! Merakla aradığını ve seni buraya gönderini benimle bilebilir ve bulabilirsin" der. O misafir, onun ekşi, fakat merhametli yüzüne bakar. Müthiş, fakat bir o kadar da müjdeli gürültüsünü dinler, görür ki:

Zemin ile gökyüzü ortasında muallâkta (boşlukta) durdurulan bulut, gayet hikmetlice ve pek merhametli bir tarzda yeryüzü bahçesini sular ve zemin ahalisine hayat suyu getirir ve harareti, yani yaşamak ateşinin şiddetini dengeler ve ihtiyaca göre her yerin imdadına yetişir. Ve bu vazifeler gibi çok vazifeleri görmekle beraber, muntazam bir ordunun acil (ivedili) emirlere göre görünmesi ve gizlenmesi gibi, birden atmosferi dolduran o koca bulut dahi gizlenir, bütün parçaları istirahate çekilir, hiçbir eseri görülmez. Sonra, "Yağmur başına arş!" emrini aldığı anda, bir saat, belki birkaç dakika zarfında toplanıp atmosferi doldurur, bir kumandanın emrini bekler gibi durur.

Sonra o yolcu, atmosferdeki rüzgâra bakar. Görür ki: Hava o kadar çok vazifelerle gayet hikmetlice ve cömertçe hizmet ettirilir ki, güya o cansız maddi havanın şuursuz atomlarından her bir atomu; bu kâinat sultanından gelen emirleri dinler, bilir ve hiçbirini geri bırakmayarak, o kumandanın kuvvetiyle yapar ve intizamla yerine getirir bir vaziyetle, yeryüzünün bütün canlılarına nefes vermek.. ve hayat sahiplerine lüzumu bulunan hararet ve ziya (ışık) ve elektrik gibi maddeleri ve sesleri nakletmek.. ve bitkilerin aşılanmasına vasıta olmak gibi çok kapsamlı vazifelerde ve hizmetlerde, bir bilinmeyen el tarafından gayet bilinçli ve bilerek ve hayat verir bir tarzda istihdam olunuyor.

Sonra yağmura bakıyor. Görür ki: O hoş, ince ve berrak ve tatlı ve hiçten ve bilinmeyen bir rahmet hazinesinden gönderilen damlalarda o kadar Allah'ın engin merhametine has hediyeler ve vazifeler var ki; güya "rahmet, tecessüm ederek damlalar ve katreler sûretinde (görünümünde) Cenab-ı Hakk'ın hazinesinden akıyor" mânâsında olduğundan, yağmura "rahmet"[64] namı verilmiştir.

Sonra şimşeğe bakar ve gök gürültüsünü dinler. Görür ki, pek acaip ve garip hizmetlerde çalıştırılıyorlar.

Sonra gözünü şimşekten çeker, aklına bakar, kendi kendine der ki:

"Atılmış pamuk gibi bu maddi, şuursuz bulut, elbette bizleri bilmez ve bize acıyıp imdadımıza kendi kendine koşmaz ve emirsiz meydana çıkmaz ve gizlenmez; belki gayet kudretli ve merhametli bir kumandanın emriyle hareket eder ki, bir iz bırakmadan gizlenir.. ve hemen meydana çıkar, iş başına geçer.. ve çok etken ve yüce ve pek çok cilveli ve haşmetli bir sultanın fermanıyla ve kuvvetiyle zaman zaman atmosferi doldurup boşaltır.. ve mütemadiyen, hikmetle yazar ve paydosla bozar tahtasına ve yazar-siler levhasına ve haşir ve kıyamet suretine çevirir.. ve pek kibar ve iyilik ve ihsan (ikram) sever ve pek cömertçe ve yaratıklarını gözetmeyi, idare ve terbiye etmeyi çok seven ve her şeye hükmeden, her şeyi idare eden bir Tasarrufcu'nun tedbiriyle rüzgâra biner.. ve dağlar gibi yağmur hazinelerini bindirir, muhtaç olan yerlere yetişir. Güya onlara acıyıp ağlayarak, gözyaşlarıyla onları çiçeklerle güldürür, güneşin şiddetli ateşini serinlendirir.. ve sünger gibi bahçelerine su serper ve zemin yüzünü yıkar, temizler."

Hem o meraklı yolcu kendi aklına der: "Bu câmid, hayatsız, şuursuz, mütemadiyen çalkalanan, kararsız, fırtınalı, dağdağalı (çok gürültülü ve karışık olaylarla dolu), sebatsız, hedefsiz şu havanın perdesiyle ve dış sebeblerin etkisiyle meydana gelen yüz binler hikmetli (faydalı) ve pek merhametli ve sanatlı işler ve

---

[64] O'dur ki, rahmeti olan (yağmurun) önünden müjdeci olarak rüzgârlar gönderir. Nihayet bu rüzgârlar o ağır bulutları hafif bir şeymiş gibi kaldırıp yüklendiklerinde, bakarsın Biz onları, ekinleri ölmüş bir ülkeye sevk eder, derken oraya su indiririz de orada her türlüsünden meyveler, ürünler çıkarırız. İşte ölüleri de böyle çıkaracağız. Gerekir ki düşünür ve ibret alırsınız. (A'raf Suresi, 7/57)

iyilikler ve yardımlar açıkça ispat eder ki; bu çalışkan rüzgârın ve bu çok cevval (hareketli) hizmetçinin kendi başına hiçbir hareketi yok, belki çok güçlü ve bilgin ve çok hikmetli ve cömert bir Emredici'nin emriyle hareket eder. Güya her bir atomu, her bir işi bilir ve o Üst'ün (mutlak Komutan'ın) her bir emrini anlar ve dinler bir nefer (asker) gibi, hava içinde cereyan eden her bir ilahi emri dinler, itaat eder ki; bütün hayvanların teneffüsüne ve yaşamasına ve nebatatın aşılanmasına ve büyümesine ve hayatına lüzumlu maddelerin yetiştirilmesine ve bulutların sevk ve idaresine ve ateşsiz gemilerin seyir ve seyahatine.. ve başta seslerin ve özellikle telsiz telefon ve telgraf ve radyo ile konuşmaların iletilmesine.. ve bu hizmetler gibi umumî ve genel hizmetlerden başka, azot ve oksijen gibi iki basit maddeden ibaret olan havanın atomları birbirinin misli iken zemin yüzünde yüz binler tarzda bulunan ilahi sanatlarda mükemmel bir intizam ile bir hikmet eli tarafından çalıştırılıyor görüyorum."

Demek: *"Ve yeryüzünde hayat verip yaydığı canlılarda, rüzgarların yönlerini değiştirip durmasında, gökle yer arasında emre hazır bulutların duruşunda elbette aklını çalıştıran kimseler için Allah'ın varlığına ve birliğine nice deliller vardır!"*[65] âyetinin açıklamasıyla; rüzgârın idaresiyle, hadsiz ilahi hizmetlerde kullanılması.. ve bulutların emir altına alınmasıyla, hadsiz (sayısız) Rahmân'a ait işlerde hizmet ettirilmeleri.. ve havayı o surette icad eden, ancak varlığı kendinden ve kesin olan Hz. Allah ve gücü her şeye yeterli ve her şeyi bilen bir yüce ve bir ikram sahibi Yaratıcı'dır." der, hükmeder.

Sonra yağmura bakar. Görür ki: Yağmurun taneleri sayısınca menfaatler ve tanecikleri adedince Rahmân'a ait cilveler ve sızıntıları miktarınca hikmetler içinde bulunuyor. Hem o şirin ve hoş ve mübarek yağmur tanecikleri, o kadar muntazam ve güzel

---

[65] Bakara Suresi, 2/164.

yaratılıyor ki; özellikle yaz mevsiminde gelen dolu, o kadar mizan ve intizamla gönderiliyor ve iniyor ki; fırtınalarla çalkalanan ve büyük şeyleri çarpıştıran şiddetli rüzgârlar, onların denge ve intizamlarını bozmuyor; yağmur taneciklerini birbirine çarpıp, birleştirip zararlı kütleler yapmıyor. Ve bunlar gibi çok hikmetlice işlerde ve bilhassa canlılarda çalıştırılan basit ve maddi ve şuursuz hidrojen-oksijen gibi iki basit maddeden birleşmiş bu su, yüz binlerce hikmetli ve şuurlu ve muhtelif hizmetlerde ve sanatlarda istihdam ediliyor (yani hizmet ettiriliyor). Demek bu cisimleşmiş ve rahmetin ta kendisi olan yağmur, ancak bir Rahmeti sonsuzun görünmeyen rahmet hazinesinde yapılıyor ve yeryüzüne inişiyle de:

"O'dur ki insanlar artık ümitlerini kestikten sonra yağmur indirir, rahmetini her tarafa yayar."[66] âyetini maddeten tefsir ediyor.

Sonra gök gürültüsünü dinler ve şimşeğe bakar. Görür ki: Havada (gökyüzünde) meydana gelen bu iki şaşırtıcı, orjinal hadise tam tamına: *"Gök gürlemesi hamd ile O'nu takdis ve tenzih eder."*[67] ve: *"Bu bulutların şimşeğinin parıltısı neredeyse gözleri alıverecek!"*[68] âyetlerini maddeten tefsir etmekle beraber, yağmurun gelmesini haber verip, muhtaçlara müjde ediyorlar.

Evet, hiçten, birden, harika bir gürültüyle havayı konuşturmak.. ve fevkalâde bir nur ve ateş ile karanlık atmosferi ışıkla doldurmak.. ve dağlar büyüklüğünde pamukmisâl ve dolu ve kar ve su tulumbası hükmünde olan bulutları ateşlendirmek gibi hikmetli ve alışılmışlığın dışındaki vaziyetlerle baş aşağı, gafil insanın başına tokmak gibi vuruyor, *"Başını kaldır! Kendini tanıttırmak isteyen etkin ve kudretli bir Zât'ın hârika işlerine bak! Sen, başıboş olmadığın gibi bu hadiseler de başıboş olamazlar. Her*

---

[66] Şuara Suresi, 42/28.
[67] Ra'd Suresi, 13/13.
[68] Nur Suresi, 24/43.

birisi çok hikmetli vazifeler peşinde koşturuluyorlar. Her şeye yerli yerince hükmeden, her şeyi yerli yerince idare eden bir Yaratıcı tarafından çalıştırılıyorlar." diye ihtar ediyorlar.

Sonra, o fikri seyahata alışan düşünceli misafire, dünya hal diliyle diyor ki: "Gökte, fezada (uzayda), havada ne geziyorsun? Gel, ben sana aradığını tanıttıracağım. Gördüğüm vazifelerime bak ve sayfalarımı oku!" O da bakar, görür ki:

Dünya, kendi ekseni etrafında ve güneşin etrafında dönmekle meczup bir mevlevî gibi iki hareketiyle günlerin, senelerin, mevsimlerin meydana gelmesine sebep olan bir daireyi oluşturuyor. Ve aynı şekilde güneşin etrafında seyahat eden dünya, kıyametten sonraki dirilip haşir meydanında toplanılacak o geniş haşir meydanının sınırlarını çizmiş oluyor. Ve ayrıca dünya, canlıların yüz bin türlerini bütün erzak ve ihtiyaçlarıyla içine alıp uzay denizinde mükemmel bir denge ve ölçüyle gezdiren ve güneş etrafında seyahat eden muhteşem ve görevli bir ilahi gemidir.

Sonra sayfalarına bakar, görür ki: Bölümlerindeki her bir sayfası, binler delillerin lisanıyla yeryüzünün Sahibi'ni tanıttırıyor. Umumunu okumak için vakit bulamadığından, yalnız birtek sayfa olan canlıların bahar faslında icad ve idaresine bakar, müşahede eder ki:

Yüz bin türlerin hadsiz efradlarının suretleri, basit bir maddeden gayet muntazam açılıyor.. ve gayet merhametlice terbiye ediliyor.. ve bir kısmının tohumlarına gayet mucizeli kanatçıklar verip, onları uçurmak suretiyle neşrettiriliyor.. ve pek düzenli idare olunuyor.. ve gayet şefkatlice beslenerek yedirilip içiriliyor.. ve gayet merhametlice ve yerinde, zamanında muhtaçlar rızıklandırılıyor. Sayısız ve çeşit çeşit ve lezzetli ve tatlı rızıkları, hiçten ve kuru topraktan ve birbirinin misli ve farkları pek az ve kemik gibi köklerden, çekirdeklerden, su taneciklerinden yetiştiriliyor. Her bahara, bir vagon gibi görünmeyen rahmetin hazinesinden yüz bin nevi yiyecek ve ihtiyaç, mükemmel bir ölçüyle yüklenip canlılara gönderiliyor. Ve bilhassa (özellikle) o erzak paketleri içinde yavrulara gönderilen süt konserveleri ve validelerinin şefkatli sinelerinde asılan şekerli süt tulumbacıklarını göndermek, o kadar şefkat ve merhamet ve hikmet içinde görünüyor ki, açıkça rahmeti sonsuz bir Yaratıcı'nın gayet şefkatlice ve eğitici bir rahmetin, bir şefkatin ihsan ve ikramının tecellisi ve yansıması olduğunu ispat eder.

Sonra o mütefekkir ve düşünen yolcu, her sayfayı okudukça saadet anahtarı olan imanı kuvvetlenip ve mânevî yükselişin anahtarı olan mârifeti; kalb ve vicdan kültürü ziyadeleşip ve bütün erdemlerin esası ve madeni olan Yaratıcı'ya inanma gerçeği bir derece daha inkişaf edip mânevî çok zevkleri ve lezzetleri alıp tattıkça onun merakını şiddetle tahrik ettiğinden; gök, hava ve dünyanın mükemmel ve kesin derslerini dinlediği halde, "Daha yok mu?" deyip dururken, denizlerin ve büyük nehirlerin coşkuyla coşup taşarak zikirlerini ve hüzünlü ve hoş seslerini işitir. Hal ve söz diliyle: "Bize de bak, bizi de oku!" derler. O da bakar, görür ki:

Canlı bir şekilde mütemâdiyen çalkalanan ve dağılmak ve dökülmek ve istilâ etmek fıtratında olan denizler, yeryüzünü kuşatıp dünya ile beraber çok süratli bir biçimde bir senede yirmi beş bin senelik bir dairede koşturulduğu halde; ne dağılırlar, ne dökülürler ve ne de komşularındaki toprağa tecavüz ederler. Demek gayet kudretli ve yüce bir Zât'ın emriyle ve kuvvetiyle dururlar, gezerler, muhafaza olurlar.

Sonra denizlerin içlerine bakar, görür ki: Gayet güzel ve süslü ve düzenli ve kıymetli taşlarından başka, binlerce çeşit hayvanların beslenme ve idareleri ve doğum ve ölümleri o kadar muntazamdır, basit bir kum ve acı bir sudan verilen erzakları ve yiyecekleri o kadar mükemmeldir ki, âşikâr bir Kudret'i Sonsuz'un, bir sınırsız Merhamet Sahibi'nin idare ve beslemesiyle olduğunu ispat eder.

Sonra o misafir; nehirlere bakar, görür ki: Menfaatleri ve vazifeleri ve gelir ve giderleri o kadar hikmetlice ve merhametlicedir, açıkca ispat eder ki; bütün ırmaklar, pınarlar, çaylar, büyük nehirler, bir sonsuz ve sınırsız Merhamet ve İkram sahibinin rahmet hazinesinden çıkıyorlar ve akıyorlar. Hattâ o kadar fevkalâde biriktirilip sarf ediliyorlar ki, *"Dört nehir cennetten geliyorlar."*[69] diye rivâyet edilmiş. Yani dış sebeplerin pek ötesinde olduklarından, mânevî bir cennetin hazinesinden ve yalnız gaybî (bize göre meçhul..) ve tükenmez bir kaynağın feyzinden akıyorlar demektir. Meselâ Mısır'ın kumsalını bir cennete çeviren mübarek Nil Nehri, güney tarafından, Kamer Dağ'ı denilen bir dağdan mütemadiyen küçük bir deniz gibi tükenmeden akıyor. Altı aydaki gideri dağ şeklinde toplansa ve buzlansa, o dağdan daha büyük olur. Halbuki o dağdan ona ayrılan yer ve depo, altı kısmından bir kısım olmaz. Gelirleri ise o sıcak bölgede pek az gelen ve susamış toprak o nehrin suyunu çabuk yuttuğu için depoya az giden yağmur, elbette o geniş alanı kapsayan dengeyi muhafaza edemediğinden, o mübarek Nil Nehri yeryüzünün özelliklerinin üstünde bir gaybî (meçhul) cennetten çıkıyor diye rivayeti, gayet anlamlı ve güzel bir gerçeği ifade ediyor.

Sonra, dağlar ve sahralar (çöller), zihinsel gezintide bulunan o yolcuyu çağırıyorlar, "Sayfalarımızı da oku!" diyorlar. O da bakar, görür ki:

Dağların genel vazifeleri ve umumî hizmetleri o kadar büyük ve faydalıdırlar; akılları hayret içinde bırakıyor. Meselâ dağların yerden ilâhi emir ile çıkmaları ve yerin içindeki dahili hareketlenmelerden kaynaklanan heyecanını, gazabını ve hiddetini dışarı atmakla sakinleşmesi; yer o dağların yukarı doğru fışkırmasıyla ve bu şekilde açılmış çıkıntılarla teneffüs edip zararlı olan sar-

---

[69] Seyhan, Ceyhan, Fırat ve Nil nehirlerinin cennet nehirlerinden olduğuna dair hadis kaynakları var: Buhari, Eşribe 12; Müslim, İman 264.

sıntılardan ve zelzelelerden kurtulup, görev sırasındaki ahalisinin istirahatlerini bozmuyor. Demek, nasıl ki sefineleri (gemileri) sarsıntıdan koruma ve dengelerini muhafaza için, onların direkleri üstünde kurulmuş; öyle de dağlar, yeryüzü gemisine bu mânâda hazineli direkler olduklarını, beyan ve ifadesiyle insanları benzerini yapmaktan âciz bırakan Kuran:

"*Dağları da dünyayı tutan birer destek (yapmadık mı)?*"[70] *Ve oraya sağlam dağlar çaktık.*[71] *Ve dağları da sabit, muhkem bir şekilde oturttu!*"[72] gibi çok âyetlerle ferman ediyor.

Hem meselâ dağların içinde canlılara lâzım olan her tür kaynaklar, sular, madenler, maddeler, ilâçlar o kadar hikmetlice ve tedbirlice ve cömertçe ve dikkatlice depolanıp ve hazırlanıp ve üst üste dizilerek stoklanmış ki; açıkca, kudreti nihayetsiz bir Güç sahibinin ve hikmeti nihayetsiz bir Yaratıcı'ın hazineleri ve ambarları ve hizmetkârları olduklarını ispat ederler diye anlar. Ve sahra (çöl) ve dağların dağ kadar vazife ve hikmetlerinden (faydalarından) bu iki cevhere sairlerini kıyas edip, dağların ve sahranın umum hikmetleriyle, hususan tedbir gereği depolama yönüyle, getirdikleri tanıklığı ve söyledikleri *"Allah'tan başka ilah yoktur!"*[73] tevhidini, dağlar kuvvetinde ve sebatında ve sahralar genişliğinde ve büyüklüğünde görür, "Allah'a iman ettim!" der.

Sonra o yolcu dağda ve sahrada fikriyle gezerken, ağaç ve bitkiler âleminin kapısı fikrine açıldı. Onu içeriye çağırdılar: "Gel dairemizde de gez, yazılarımızı da oku!" dediler.

O da girdi, gördü ki:

Gayet muhteşem ve süslü bir şekilde Allah'ın varlığının ve birliğinin gürül gürül ilan edildiği bir meclis, bir zikir ve şükür halkası teşkil etmişler. Bütün ağaç ve bitkilerin türleri, topluca, be-

---

[70] Nebe Suresi, 78/7.
[71] Hicr Suresi, 15/19; Kaf Suresi, 50/7.
[72] Nâziat Suresi, 79/32.
[73] Bakara Suresi, 2/163, 255; Âl-i İmran Suresi, 3/2, 6, 18; Nisa Suresi, 4/87...

raber; *"Allah'tan başka hiçbir ilah yoktur!"[74]* diyorlar gibi hal dillerinden anladı. Çünkü bütün meyveli ağaç ve bitkiler, ölçülü ve kolay anlaşılacak yapraklarının dilleriyle ve süslü, pürüzsüz ve berrak ifade kullanan çiçeklerinin sözleriyle ve intizamlı, kusursuz ve yerinde ifade gücüne sahip meyvelerinin kelimeleriyle beraber zikir eder bir tarzda şahitlik getirdiklerine ve, *"Allah'tan başka ilah yoktur!"[75]* dediklerine işaret ve tanıklık eden üç büyük, umumi hakikati gördü.

Birincisi: Pek âşikâr bir surette bilerek ve isteyerek bir rızık verme ve ikram ve isteğe bağlı bir bağışlama ve verdiğini gözlere gösterir mânâsı ve gerçeği her bir varlıkta hissedildiği gibi; toplamında ise, güneşin zuhurundaki (ortaya çıkışındaki) ziyası (ışığı) gibi görünüyor.

İkincisi: Tesadüfe havalesi hiçbir yönüyle mümkün olmayan bilerek ve hikmetlice bir seçip ayırt etme, isteyerek ve merhametlice bir süsleme ve tasvir mânâsı ve hakikati, o sayısız tür ve fertlerde gündüz gibi âşikâre görünüyor.. ve her şeyi yerli yerince yaratan bir Yaratıcı'nın eserleri ve nakışları olduklarını gösterir.

Üçüncüsü: O sayısız yaratıkların yüz bin çeşit ve ayrı ayrı tarz ve şekilde olan suretleri; gayet muntazam, ölçülü, ziynetli olarak, sınırlı ve sayılı ve birbirinin misli ve basit ve cansız ve birbirinin aynı veya az farklı ve karışık olan çekirdeklerden, tohumcuklardan o iki yüz bin küsür türlerin farklı ve intizamlı, ayrı ayrı, ölçülü, canlı, hikmetli, yanlışsız, hatasız bir vaziyette umum fertlerinin sûretlerinin fethi ve açılışı ise öyle bir gerçektir ki; güneşten daha parlaktır ve baharın çiçekleri ve meyveleri ve yaprakları ve varlıkları sayısınca o gerçeği ispat eden şahitler var diye bildi. "İman nimetini bahşeden Allah'a hamdolsun!" dedi.

---

[74] Saffât Suresi, 37/35; Muhammed Suresi, 47/19.
[75] Bakara Suresi, 2/163, 255; Âl-i İmran Suresi, 3/2, 6, 18; Nisa Suresi, 4/87...

Sonra fikir seyahatinde bulunan o meraklı ve ufkunu geliştirmekle zevki ve şevki artan dünya yolcusu, bahar bahçesinden bir bahar kadar burcu burcu iman ve marifet kokan bir gül demeti alıp gelirken; hayvanlar ve kuşlar boyutunun kapısı doğruyu gözlemliyen aklına ve Allah'ı sıfat, isim ve fiileriyle tanıyan, bilen fikrine açıldı. Yüz bin ayrı ayrı seslerle ve çeşit çeşit dillerle onu içeriye çağırdılar, "Buyurun!" dediler. O da girdi ve gördü ki:

Bütün hayvan ve kuşların türleri ve taifeleri ve milletleri, ittifakla, hal ve söz lisanlarıyla, *"Allah'tan başka ilah yoktur!"*[76] deyip, yeryüzünü bir zikirhane ve Allah'ın varlığının ve birliğinin gürül gürül ilan edildiği muazzam bir zikir meclisi suretine çevirmişler; her biri bizzat birer kaside gibi Yaratıcı'yı anlatan eser, Sanatkar'ın kusursuzluğunu ifade eden birer kelime ve Rahmân'ın sonsuz, yüce rahmetini harf harf telaffuz eden birer anlamlı eser hükmünde Sanatkar'larını anlatıp övgüyle şükrediyorlar vaziyetinde gördü. Güya o hayvanların ve kuşların duyguları ve hisleri ve cihazları ve âzâları ve âletleri, düzenli ve ölçülü kelimelerdir ve muntazam ve mükemmel sözlerdir. Onlar, bunlarla Yaratıcı ve Besleyicileri'ne şükür ve birliğine şahitlik getirdiklerine kesin işaret eden üç muazzam ve kuşatıcı hakikatleri müşahede etti.

Birincisi: Hiçbir yönüyle serseri tesadüfe ve kör kuvvete ve bilinçsiz tabiata havalesi mümkün olmayan, hiçten hikmetlice var etme ve sanatlı olmasına özen gösterir bir tarzda benzersiz ve iradeli ve çok iyi bilerek terkip edip yaratmak ve yirmi yönüyle ilim ve hikmet ve iradenin cilvesini gösteren ruh verip canlandırmak ve hayat vermek hakikatidir ki; ruh sahipleri adedince şahitleri bulunan bir parlak delil olarak, hayatı veren ve devam ettiren Zât'ın varlığının zaruretine ve yedi sıfatına[77] ve birliğine tanıklık eder.

---

[76] Nur Suresi, 24/41.
[77] Allah'ın sıfatlarından: Hayat, ilim, sem/işiten, basar/gören, irade, kudret, kelam/konuşan.

İkincisi: O sayısız yaratıklarda birbirinden simaca ayırıcı farklılık, şekilce süslü ve miktarca ölçülü ve suretçe düzenli bir tarzdaki seçip ayırt etmekten, süsten, tasvirden öyle büyük ve kuvvetli bir hakikat görünür ki; Güc'ü ve Kudret'i her şeye yeterli ve her şeyi en iyi bir şekilde Bilen'den başka hiçbir şey, bu her yönüyle binlerle harikaları ve hikmetleri gösteren kapsamlı işlere sahip olamaz ve hiçbir imkân ve ihtimali yok.

Üçüncüsü: Birbirinin misli ve aynı veya az farklı ve birbirine benzeyen sınırlı ve az sayıda yumurtalardan ve yumurtacıklardan ve nutfe denilen döl suyundan ve su damlacıklarından o hadsiz hayvanların yüz binler çeşit tarzlarda ve birer hikmetli mucize mâhiyetinde bulunan suretlerini, gayet muntazam ve ölçülü ve hatasız bir şekilde açmak ve fethetmek öyle parlak bir hakikattır ki; hayvanlar adedince imzalı senetler, deliller o hakikati tenvir edip aydınlatır.

İşte bu üç hakikatin ittifakıyla hayvanların bütün türleri, beraber öyle bir *"Lâ ilâhe illâ Hû (Allah'tan başka ilah yoktur!)"* deyip şehadet getiriyorlar ki; güya yeryüzü, büyük bir insan gibi büyüklüğü nisbetinde, *"Lâ ilâhe illâ Hû (Allah'tan başka ilah yoktur!)"* diyerek semavat (ve gök) ehline işittiriyor mahiyetinde gördü ve tam ders aldı.

Peygamberler

Sonra o geniş, derin ve sistemli düşünen yolcu, ilâhi bilginin; Allah'ı sıfat, isim ve fiilleriyle tanıyıp bilmenin sınırsız mertebelerinde ve nihayetsiz manevi zevklerinde ve nurlarında daha ileri gitmek için varlığın insan boyutuna ve beşer dünyasına girmek isterken, başta enbiyalar (peygamberler) olarak onu içeriye davet ettiler, o da girdi. Her şeyden önce geçmiş zamanın menziline baktı, gördü ki:

İnsanların en aydını ve en mükemmeli[78] olan umum peygamberler (Allah'ın selamı üzerlerine olsun..) beraberce *"Lâ ilâhe illâ Hû"* deyip zikrediyorlar.. ve parlak, tasdik edici sayısız mucizelerinin kuvvetiyle, tevhidi (Allah'ın varlığını ve birliğini) iddia ediyorlar.. ve insanı hayvanlık mertebesinden melekler derecesine çıkarmak için onları Allah'ın varlığına ve birliğine inanmaya davet ile ders veriyorlar, gördü. O da, o nurlu medresede (mektebte) diz çöküp derse oturdu, gördü ki:

İnsanların öncü konumunda yürüyenlerin en yüksekleri ve en ünlüleri olan o üstadların (peygamberlerin) herbirisinin elinde kainatın yaratıcısı tarafından verilmiş ve onları tasdik edici alâmet, işaret olarak mucizeler bulunduğundan.. her bir peygamber-

---

[78] Peygamberlerin, seçkin ve mükemmel kimseler olduğuna dair: En'âm Suresi, 6/86-87; A'râf Suresi, 7/144; Nahl Suresi, 16/121.

in vahiy kaynaklı haberiyle insanlardan büyük bir grup ve bir ümmet (inananlar topluluğu) o haberleri tasdik edip imana geldiklerinden.. o yüz bin ciddî ve doğru zâtların (peygamberlerin) topluca ve söz birliğiyle önem verip tasdik ettikleri bir hakikat (Yaratıcı'yı tanıtım dosyasının..) ne kadar kuvvetli ve kesin olduğunu kıyas edebildi. Ve bu kuvvette bu kadar yanıltmayan, sağlam habercinin sayısız mucizeleriyle imza ve ispat ettikleri bir hakikati (Yaratıcı'ya ait tanıtım dosyasındaki iman gerçeğini) inkâr eden sapkınlar topluluğu ne derece büyük bir hata, bir cinayet ettiklerini ve ne kadar hesaba gelmez bir azaba müstehak olduklarını anladı. Ve onları (peygamberleri) tasdik edip iman getirenler ne kadar haklı ve doğru olduklarını bildi, böylece imana ait değerlerin büyük bir mertebesi daha ona göründü.

Evet peygamberleri (Allah'ın selamı üzerlerine olsun) Cenâb-ı Hak tarafından fiilen tasdik hükmünde olan sayısız mucizelerinden.. ve doğruluklarını gösteren, itiraz edip inkar edenlere gelen semâvî pek çok tokatlarından.. ve hak olduklarına işaret eden şahsî faziletlerinden ve vahiy destekli talimatlarından.. ve doğru olduklarına şehadet eden inançlarındaki kuvvet ve tam ciddiyetlerinden ve fedakârlıklarından.. ve ellerinde bulunan kutsal kitap ve sayfalarından.. ve onların yolları doğru ve hak olduğuna şehadet (şahitlik) eden mensuplarıyla hakikate, kemâlâta, nura, aydınlığa vasıl olan sayısız öğrencilerinden başka, onların (peygamberlerin) ve o pek ciddî haber edenlerin (bilginlerin) müspet meselelerde topluca fikir birliği ve tevatürü (yaygın söylentileri) ve ispatta isabetli rastlantıları ve dayanışmaları ve birbirine uygunlukları öyle bir delil ve öyle bir kuvvettir ki; dünyada hiçbir güç karşısına çıkamaz ve hiçbir şüphe ve tereddüte yer bırakmaz. Ve imanın şartlarında umum elçileri/peygamberleri (Allah'ın selamı üzerlerine olsun) tasdik dahi dâhil olması, o tasdik ve onayın büyük bir kuvvet kaynağı olduğunu anladı. Onların inanca dair derslerinden çok feyiz aldı.

Sonra imanın kuvvetinden ulvî bir hakikatın (vahye dayalı maneviyatın..) tadını alan o ilim, mârifet ve hakikatin peşinde seyahat eden Hak[79] yolcusu, peygamberlerin (Allah'ın selamı üzerlerine olsun) meclisinden gelirken, ulemâdan (bilginlerden) ilmelyakîn suretinde (okuyup öğrenerek) kesin ve kuvvetli delillerle, peygamberlerin dâvâlarını ispat eden ve asfiya gibi (ilim ve takvalarıyla peygamberlerin gerçek vârisi olan seçkin veliler..) ve sıddîkîn (Yaratıcı'dan geleni tereddütsüz ve hemen kabul eden seçkin kişiler..) diye bilinen engin bilgi sahipleri, müçtehid muhakkikler (araştırmacı hukukçular), onu (gezgini) dershanelerine çağırdılar. O da girdi, gördü ki:

Binlerce uzman (olağanüstü yetenek ve ön sezi sahibi kimseler..) ve yüz binlerce müdakkik (titiz araştırıcı) ve yüksek araştırman sınıfı, kıl kadar bir şüphe bırakmayan derin incelemeleriyle, başta Allah'ın varlığının kendinden ve kesin olması (vücub-u vücud) ve varlığının birliği (vahdet) olarak değişmez imana ait meseleleri ispat ediyorlar. Evet, yetenek ve meslekleri muhtelif olduğu halde imanın temel şartlarında onların oy birliğiyle üzerinde birleştikleri ve her birisinin kuvvetli ve sağlam delillere dayandırmaları öyle bir delildir ki; onların hepisi kadar çabuk bir kavrayış ve kuvvetli zekâ sahibi olmak ve kanıtlarının umumu kadar bir delil bulmak mümkün ise, karşılarına ancak öyle çıkılabilir. Yoksa o inkarcılar, yalnız cehalet ve kara cahillikle ve inkâr ve ispat olunmayan menfî (kabul görmemiş) meselelerde inat ve göz kapamak suretiyle karşılarına çıkabilirler. Gözünü kapayan, yalnız kendine gündüzü gece yapar...

Bu gezgin, bu muhteşem ve geniş dershanede, bu muhterem ve engin bilgi sahibi üstadların neşrettikleri nurlar, yeryüzünün yarısını bin seneden ziyade ışıklandırdığını bildi. Ve öyle bir

---

[79] Hak, Allah'ın güzel isimlerinden (esmayıhüsna'dan) bir ismidir. Anlamı tek doğruya ulaştıran, demektir.

mânevi güç buldu ki, bütün inkâr edenler toplansa onu kıl kadar şaşırtmaz ve sarsmaz.

Sonra imanın daha ziyade kuvvetlenmesinde ve gelişiminde ve ilmelyakîn (okuyup öğrenme) derecesinden aynelyakîn (gözle görüp öğrenme) mertebesine yükselmesindeki aydınlığı ve spritüel/manevi zevkleri görmeyi çok arzulu olan o derin ve sistemli düşünen gezgin, medreseden gelirken, sayısız küçük tekkelerin (zikirhânelerin) ve zaviyelerin (küçük küçük dergahların) birbirine eklenerek genişleyen gayet feyizli ve nurlu ve sahra genişliğinde bir tekke, bir büyük dergâh, bir zikirhane, bir irşad yuvasında ve Peygamber Efendimiz'in (a.s.m) çizdiği, belirlediği büyük, geniş yolu ve Sünnet'i; velayeti ve kulluğu ile kazandığı Miraç mucizesi gölgesinde hakikate çalışan ve hakka (sağlam bilgi ve marifete) erişen ve aynelyakîne (gözle görüp öğrenme..) seviyesine yetişen binlerce ve milyonlarca **kudsî mürşidler** onu dergâha (tekkeye) çağırdılar. O da girdi, gördü ki:

O ehl-i keşif ve keramet (eşyanın perde arkası, izin ölçüsünde, kendilerine açılıp ilhamlara ve bir takım hususi ikramlara mazhar olan veliler/Allah dostları..) mürşidler; keşfiyatlarına (erişmiş oldukları sırlara..) ve gözlemlerine ve kerametlerine (özel ikramlarına) dayandırarak, oy birliğiyle, beraberce *"Lâ ilâhe illâ Hû (Allah'tan başka ilah yoktur!)"* diyerek, vücub-u vücud (Allah'ın varlığının kendinden ve kesin olması gerçeğini..) ve Yaratıcı'nın her şeyi kuşatan idare ve hakimiyetindeki muhteşem birliğini kâinata ilân ediyorlar. Güneşin ziyasındaki (ve ışığındaki) yedi renkle güneşi tanımak gibi, yetmiş renkle, belki Esmâ-i Hüsnâ (Allah'ın güzel isimleri..) adedince, güneşler güneşi Hz. Allah'ın ziyasından tecellî eden (yansıyan) ayrı ayrı nurlu renkler ve çeşit çeşit renkli ışıklar ve başka başka yakınlık ve bağlılığa sahip vefalı tarikatler ve muhtelif doğru meslekler ve farklı farklı haklı meşreplerde bulunan o kudsî dâhilerin (engin bilgi sahiplerinin) ve aydın âriflerin topluca ve beraberce imza ettikleri bir hakikat, ne derece açık ve besbelli olduğunu aynelyakîn (gözle görüp öğrenerek..) müşahede etti. Ve enbiyanın (peygamberlerin) aynı görüşte birleşmesi ve asfiyanın (gerçek peygamber varisi olan seçkin velilerin..) bu alandaki söz birliği ve evliyanın tevafuku (ilâhi raslantısı) ve bu üç topluluğun birden ittifakı, güneşi gösteren gündüzün ziyasından daha parlak gördü.

Sonra insanı olgunlaştıran, yücelten faziletler, erdemler ve güzelliklerin en mühimi ve en büyüğü, belki tamamı ve insanî olgunluğun kaynağı ve temeli, Allah'ın varlığına ve birliğine inanmaktır. O'nu tanımaktan beslenen Allah sevgisi olduğunu öğrenen o dünya gezgini, bütün kuvvetiyle ve manevi duygularıyla, imanın kuvvetinde, daha ziyade O'nu tanımanın idrak ve açılımında mesafe katedip yükselişini istemek fikriyle başını kaldırdı ve semavata (göklere) baktı. Kendi aklına dedi ki:

"Madem kâinatta en kıymetli şey hayattır ve hayat kâinattaki/evrendeki varlıkların hizmetine verilmiştir.. ve madem canlıların en kıymetlisi ruh sahibi varlıklardır.. ve ruh sahibi varlıkların en kıymetlisi bilinçli şuur sahibidir.. ve madem bu kıymetli değerler için yeryüzü, hayat sahiplerini sürekli çoğaltmak şeklinde, her asır, her sene dolar, boşalır; elbette ve her halde, bu muhteşem ve ziynetli/süslü gökyüzünün dahi kendisine münasip ahalisi ve halkı; hayat sahibi, ruh sahibi ve akıl sahibi yaratıklardan vardır[80] ki; Hz. Muhammed'in (a.s.m) sohbet meclisinde sahâbelere görünen Hazreti Cebrail'in (a.s) görünmesi[81] gibi, melekleri görmek ve onlarla konuşmak hadiseleri, tevatür (kesin bilgi) suretinde eskiden beri nakil ve rivayet ediliyor.[82] Öyleyse keşke ben, gökyüzün-

---

[80] Gökyüzünün Allah'a karşı itaat eden meleklerle dolu olmasıyla ilgili ayetler: Saffât Suresi, 37/164-166; Nahl Suresi, 16/49-50. Ayrıca bu mevzuyla ilgili hadisler de var: Tirmizi, Zühd 9; Ahmed İbni Hanbel, Müsned 5/173.

[81] Asr-ı Saadet'te, Hz. Cebrail'in (a.s) sahâbe efendilerimize göründüğüne dair hadislerden bir kaçı: Buhari, İman 37, Menâkıb 25; Müslim, İman 1, 10, Fezâilü's-sahâbe 100.

[82] **Hz. İbrahim (a.s):** Hûd Suresi, 11/70; Ankebût Suresi, 29/31; Zâriyât Suresi, 51/28. **Hz. Lût (a.s):** Hûd Suresi, 11/77; Ankebût Suresi, 29/33. **Sahâbeden İrbâd İbni Sâriye:** Taberâni, el-Mu'cemü'l-

deki bilinçli varlıklarla dahi görüşseydim; onlar ne fikirde olduklarını bilseydim! Çünkü kâinatın Yaratıcı'sı hakkında en mühim söz onlarındır." diye düşünürken, birden semâvî şöyle bir ses işitti:

"Madem bizimle görüşmek ve dersimizi dinlemek istersin; bil ki başta Hazreti Muhammed (Aleyhissalâtü Vesselâm) ve Kuran'ı Kerim; beyan ve ifadesiyle, benzerini yapmaktan âciz bırakan bir ilâhi mesaj (haber) olarak bütün peygamberlere vasıtamızla gelen imana ait meselelere en evvel biz (melekler) iman etmişiz. Hem insanlara temessül edip görünen ve bizlerden olan bütün temiz ruhlar, istisnasız ve ittifakla (oy birliğiyle), bu kâinatın Yaratıcı'sının vücub-u vücuduna (varlığının kendinden ve kesin olmasına..) ve vahdetine (varlığının birliğine) ve mukaddes sıfatlarına şahitlik edip birbirine uygun ve uyumlu ifadelerle net haber etmişler. Bu sayısız haberlerin (ilâhi) rastlantısı ve birbirine uygunluğu, sana güneş gibi bir rehberdir." dediklerini bildi ve böylece onun (gezginin) imanındaki nur bir parça daha parladı. Yeryüzünden göklere çıktı.

Sonra o çok meraklı, aşkla ve şevkle dopdolu misafir gezgin, varlığın maddi boyutu olan dünyadaki türlerin lisanlarından ve beden dillerinden ders aldığından, görünmeyen gayb boyut ve iki farklı boyut arasındaki birleşik geçit noktada (berzahta/ara geçitte) dahi durup inceleme yaparak bir seyahat ve bir gerçeği araştırma arzu ederken, kâinatın meyvesi olan insanın çekirdeği hükmünde bulunan ve küçüklüğüyle beraber, mânen kâinat kadar genişleyebilen dostdoğru ve aydın akılların, selim ve nurlu kalblerin kapısı açıldı, baktı ki:

---

kebir 18/245. **İmrân İbni Husayn:** Hâkim, Müstedrek 3/536; Bezzâr, Müsned 9/19; Tahâvî, Şerhu Meânî'l-âsâr 4/324. **Hz. Selman:** Ebû Nuaym, Hilyetü'l-evliya 1/204; İbnü'l-Cevzi, Sıfatü's-safve 1/551.. gibi peygamber ve sahâbeler melek görenler arasındadır. Ayrıca Cenâb-ı Hak (c.c), Beni İsrâil'den 3 kişiye, onları imtihan etmek üzere bir melek göndermiştir: Buhâri, Enbiyâ 51; Müslim, Zühd 10.

Onlar (mürşitler/rehberler), gayb âlemi ve şehadet boyut ortasında insanî geçit noktalarıdır.. ve iki âlemin birbiriyle temasları ve ilişkileri, insana nispeten o noktalarda oluyor gördüğünden kendi akıl ve kalbine dedi ki: "Gelin, bu emsaliniz insan kapısından hakikate giden yol daha kısadır! Biz öbür bilinen yollardaki dillerden ders aldığımız gibi değil, belki iman noktasındaki özellik, nitelik ve renklerinden mütalâamızla istifade etmeliyiz." dedi, etüte başladı, gördü ki:

Yetenekleri gayet farklı ve mezhepleri birbirinden uzak ve zıt olmasına rağmen dengeli ve nurlu akılların tümünün iman ve tevhid noktasındaki söz konusu sıfatlara, niteliklere sahip ve sağlam itikadları, birbirine uyumlu, kararlı ve aksine ihtimal vermeyecek kanaat ve sağlam inançları gerçeklerle tam tamına örtüşüp uygun düşmektedir. Demek, değişmeyen bir hakikate (vahiy eksenli bir gerçeğe..) dayanıp bağlanmışlar.. ve kökleri, çok sağlam bir hakikat zeminine girmiş, kopmuyor. Öyleyse, bunların iman noktasında ve Yaratıcı'nın kesin varlığı ve tevhiddeki fikir birliktelikleri, hiç kopmaz nuranî bir zincir ve hakikate açılan aydın bir penceredir.

Hem gördü ki: Meslekleri birbirinden uzak ve meşrepleri birbirinden farklı umum selim ve aydın kalbe sahip mürşitlerin imanın şartlarındaki birliktelikleri ve tam kararlı duruşları ve ilahi cezbeye kendilerini kaptırarak keşif ve gözlemleri birbirine uygun ve tevhidde de birbirine uyumlu bir manzarayı yansıtıyorlar.

Demek, vahye dayalı gerçeklere karşılık ve hakka ulaşmış ve onu temsil eden bu küçücük ilahi bilgilerin birer zirvesi ve bu kapsamlı "Samed"[83] isminin tecellilerinin birer aynası olan nurlu kalbler (mürşitler/rehberler), hakikat güneşine karşı açılan pencerelerdir.. ve tümü birden, güneşe aynadarlık eden bir deniz gibi, pek büyük bir ayna hükmündedir. Bunların (Yaratıcı hakkın-

---

[83] Samed ismi, her şeyin kendine muhtaç olup, kendisi hiç kimseye ve hiçbir şeye muhtaç olmayan Hz. Allah'a ait bir isimdir.

daki..) varlığının kendinden ve kesin olması gerçeğinde.. ve O'nun varlığının birliğinde ittifakları ve kollektif fikir birliktelikleri, hiç şaşırmaz ve şaşırtmaz en mükemmel bir rehber ve en büyük bir yol gösterici konumundadır. Çünkü hiçbir yönüyle hiçbir imkân ve hiçbir ihtimal yok ki, hakikatten başka bir vehim (kuruntu) ve gerçek olmayan bir fikir ve asılsız bir sıfat, bu kadar aralıksız ve güçlü bu pek büyük ve keskin gözlerin umumunu birden aldatsın, his yanıltmasına uğratsın. Buna ihtimal veren bozulmuş ve çürümüş bir akla, bu kâinatı inkâr eden ahmak ve şüpheci felsefi akımlar dahi razı olmazlar, reddederler diye anladı. Kendi, akıl ve kalbiyle beraber "Allah'a iman ettim!" dediler.

Sonra varlığın gayb boyutuna yakından bakan ve akıl ve kalbde seyahat eden o yolcu, *"Acaba gayb alemi (duyu organlarıyla kavranılmayan boyut..) ne diyor?"* diye merakla o kapıyı da şöyle bir fikirle çaldı. Yani, madem bu cismânî âlem-i şehadette (görünen âlemin dünya boyutunda) bu kadar süslü ve sanatlı sayısız yaratıklarıyla kendini tanıttırmak.. ve bu kadar tatlı ve süslü ve nihayetsiz nimetleriyle kendini sevdirmek.. ve bu kadar mucizeli ve maharetli, hesapsız eserleriyle gizli kemâlât ve faziletlerini bildirmek, sözden ve konuşmadan daha âşikâr bir tarzda fiilen isteyen ve hal diliyle bildiren bir Zât, gayb perdesi tarafında bulunduğu açıkça anlaşılıyor. Elbette ve her halde, fiilen ve halen olduğu gibi, sözle ve konuşmak suretiyle dahi konuşur, kendini tanıttırır ve sevdirir. Öyle ise gayb âlemi yönünde O'nu (Yaratıcı'yı), O'nun yansımalarındaki görünmelerinden (tecellilerinden) bilip tanımalıyız dedi, kalbi içeriye girdi, akıl gözüyle gördü ki:

Gayet kuvvetli belirmeler ve görünmelerle vahiylerin hakikati, gayb boyutun her tarafında, her zamanda hükmediyor. Kâinatın ve yaratıkların tanıklıklarından çok kuvvetli bir şehâdet (bir tanıklık), varlık ve tevhid, gaybları ve gizlilikleri pek iyi bilen Hz. Allah'tan vahiy ve ilham hakikatleriyle geliyor. Hz. Allah (Kendini), varlığını ve birliğini, yalnız yaratıklarının tanıklıklarına bırakmıyor.

Kendisi, kendine lâyık ve zamanları aşan yüce bir kelamı ve beyanıyla konuşuyor. Her yerde, ilim ve kudretiyle her zaman varlıkların bütün durumlarını görüp gözeten Cenab-ı Hakk'ın beyanı dahi sınırsızdır. Ve sözlerinin mânâsı O'nu (Hz. Allah'ı) bildirdiği gibi, konuşması dahi O'nu, sıfatıyla bildiriyor.

Evet, yüz bin peygamberlerin (Allah'ın selamı üzerlerine olsun..) kesin haberleriyle ve getirilen haberlerin ilâhî vahye nâil olma noktasında ittifaklarıyla.. ve insanların mutlak çoğunluğu tarafından tasdik edilmesi ve rehberi ve kendisine tâbi olunanı ve vahyin neticeleri ve şahitli vahiyle mukaddes kitaplar ve semavi sayfaların delilleri ve mucizeleriyle, vahyin gerçeklerinin tahakkuku ve kesinliği açıklık derecesine geldiğini bildi ve vahyin hakikatı beş kudsi gerçeği ifade edip feyiz veriyor, diye anladı:

Birincisi: "*Cenab-ı Hakk'ın konuşması, kulların anlayış seviyelerine göredir.*" denilen, beşerin akıllarına ve fehimlerine göre konuşmak, bir ilâhî enginliktir. Evet, bütün canlı yaratıklarını konuşturan ve konuşmalarını bilen, elbette kendisi dahi o konuşmalara konuşmasıyla müdahale etmesi, Allah'ın her şeyi kuşatan idare ve terbiyesinin gereğidir.

İkincisi: Kendini tanıttırmak için kâinatı, bu kadar hadsiz masraflarla, baştan başa harikalar içinde yaratan ve binler dillerle kemâlâtını (güzelliklerini) söylettiren, elbette kendi sözleriyle dahi kendini tanıttıracak.

Üçüncüsü: Varlıkların en seçkini ve en muhtacı ve en nazik endamlısı ve en isteklisi olan hakikî insanların münacatlarına (dualarına) ve şükürlerine, fiilen mukabele ettiği (karşılık verdiği) gibi kelâmıyla da mukabele etmek, yaratıcılığının şanındandır.

Dördüncüsü: İlim ile hayatın zarurî bir gereksinimi ve ışıklı bir görünümü olan karşılıklı konuşma sıfatı, elbette her şeyi kapsayıcı bir ilmi ve sonsuz bir hayatı taşıyan Zât'ta, kuşatıcı ve bitmeyen bir surette bulunur.

Beşincisi: En sevimli ve muhabbetli ve endişeli ve sırtını yaslayacak birine en muhtaç ve sahibini ve malikini bulmaya en istekli, hem fakir ve âciz bulunan yaratıklarına, acz ve özlemi, fakr ve ihtiyacı ve gelecek endişesi ve muhabbeti ve çok sevmeyi veren bir Zât, elbette kendi varlığını onlara konuşmasıyla bildirmek, ulûhiyetin (Yaratıcı olmanın bir..) gereğidir.

İşte, ilâhî enginlik ve Cenâb-ı Hakk'ın varlığa kendini tanıtması ve rahmetiyle karşılık vermesi ve vahiy yoluyla kullarıyla konuşması ve kulların muhtaç olduğu kendi varlığını bildirmesi gibi gerçekleri içeren umumî, semavî (gökler ötesi..) vahiylerin, kollektif bilinç ile varlığı kendinden ve kesin olan Hz. Allah'ın varlığına ve birliğine işaretleri öyle bir delildir ki gündüzdeki güneşin ışınlarının güneşe tanıklığından daha kuvvetlidir, diye anladı.

Sonra ilhamlar tarafına baktı, gördü ki: Sâdık (gerçek) ilhamlar, gerçi bir yönüyle vahye benzerler ve bir nevi Yaratıcı'nın konuşmasıdır, fakat iki fark vardır:

Birincisi: İlhamdan çok yüksek olan vahyin ekseri (çoğu kez) melekler vasıtasıyla.. ve ilhamın ekseri vasıtasız olmasıdır. Mesela, nasıl ki, bir padişahın iki suretle konuşması ve emirleri var.

Birisi: Saltanatının ihtişamını ve herkesi ve her şeyi kuşatan idaresi itibariyle bir yardımcısını (memurunu), bir valiye gönderir. O hükümetin ihtişamını ve emrin önemini göstermek için bazan, vasıta ile (perde ile..) beraber bir araya gelip toplantı yapar, sonra ferman tebliğ edilir.

İkincisi: Sultanlık ünvanıyla ve padişahlık umumî ismiyle değil, belki kendi şahsıyla hususî bir münasebeti ve küçük bir muamelesi bulunan özel bir hizmetçisiyle veya halktan bir vatandaşıyla ve hususî telefonuyla hususî konuşmasıdır.

Öyle de, varlığı ezelî ve sonsuz bir Padişah'ın (Yaratıcı'nın), umum âlemlerin (boyutların) idarecisi ismiyle ve kâinatın Yaratıcı'sı ünvanıyla, vahiyle ve vahyin hizmetini gören kapsamlı ilhamların aracılığıyla konuşması olduğu gibi; her bir ferdin, her bir hayat sahibinin Rabbi (Sahibi) ve Yaratıcı'sı olmak itibariyle, hususi bir surette, fakat perdeler arkasında onların kabiliyetine göre bir konuşma tarzı var.

İkinci fark: Vahiy gölgesizdir, sâfidir, seçkinlere hastır. İlham ise gölgelidir, renkler karışır, umumîdir; meleklerin ilhamları ve insan ilhamları ve hayvanların ilhamları gibi, çeşit çeşit, hem pek çok türleriyle, denizlerin damlaları kadar Cenab-ı Hakk'ın sözlerinin çoğalmasına vesile bir zemin teşkil ediyor.

De ki: "Rabbimin sözlerini yazmak için en büyük okyanus mürekkep olsaydı (hatta onun bir mislini de takviye gönderseydik), bu deniz tükenir, Rabbimin sözleri yine de bitmezdi."[84] Âyetinin bir yönünü tefsir ediyor anladı.

Sonra ilhamın özüne ve faydasına (hikmetine) ve tanıklığına baktı, gördü ki: Özü ile hikmeti ve neticesi dört nurdan teşekkül ediyor.

Birincisi: Allah, kendini yaratıklarına fiilen sevdirdiği gibi konuşarak ve muhatap alarak ve sohbet ederek dahi sevdirmek, şefkatinin ve merhametinin gereğidir.

İkincisi: Kullarının dualarına fiilen cevap verdiği gibi konuşarak dahi perdeler arkasında icabet etmesi,[85] merhametinin gereğidir.

Üçüncüsü: Ağır belalara ve şiddetli hallere düşen yaratıklarının yardım dilemelerine ve feryatlarına ve niyazlarına fiilen imdat ettiği gibi,[86] bir nevi konuşması hükmünde olan ilhâmî sözlerle de imdada yetişmesi, her şeyin üstünde terbiye ve tedbirinin bir gereğidir.

---

[84] Kehf Suresi, 18/109.
[85] Bu ifade Kuran'da, Bakara Suresi, 2/186; Mümin Suresi, 40/60'da desteklenmektedir.
[86] Bu ifade de aynı şekilde Kuran'da, Neml Suresi, 27/62; Zümer Suresi, 39/8'de desteklenmektedir.

Dördüncüsü: Çok âciz ve çok zayıf ve çok fakir ve çok ihtiyaçları olan ve kendi sahibini ve himayecisini ve idarecisini ve koruyucusunu bulmaya pek çok muhtaç ve istekli olan bilinçli yaratıklarına (insan ve cinlere..), varlığını ve yakınlığını ve himayesini fiilen hissettirdiği gibi bir tür Cenab-ı Hakk'ın konuşması hükmünde sayılan bir kısım sâdık (sağlam/doğru) ilhamlar[87] perdesinde ve özel ve bir yaratığa bakan has ve bir yönüyle de, onun kabiliyetine göre, onun kalp telefonuyla, sözlü olarak dahi konuşup kendi yakınlığını ve varlığını duyurması, şefkatin ve merhametin zarurî ve lüzumlu bir gerekçesidir, diye anladı.

Sonra ilhamın tanıklığına baktı, gördü; nasıl ki, güneşin, faraza/ihtimal, bilinci ve hayatı olsaydı ve o halde ışıktaki yedi rengi, yedi sıfatı olsaydı o yönüyle ışığında bulunan ışınları ve cilveleri (yansımaları) ile bir tarz konuşması bulunacaktı. Ve bu vaziyette misalinin ve aksinin şeffaf şeylerde bulunması.. ve her ayna ve her parlak şeyler ve cam parçaları ve kabarcıklar ve damlalar, hattâ şeffaf zerrelerle her birinin kabiliyetine göre konuşması.. ve onların ihtiyaçlarına cevap vermesi.. ve bütün onlar güneşin varlığına şehadet etmesi.. ve hiçbir iş, bir işe mâni olmaması.. ve bir konuşması, diğer konuşmaya ve karışıklığa sebebiyet vermemesi, bizzat görüleceği gibi; aynen öyle de ezel ve ebedin Yüce Sultan'ı ve bütün mevcudatın (var olan varlıkların) güzeller Güzeli ve şanı yüce Yaratıcı'sı olan bütün ışıkların kaynağının konuşması dahi, O'nun ilmi ve kudreti gibi kapsamlı ve kuşatıcı olarak her şeyin kabiliyetine göre tecellî etmesi (yansıması); hiçbir soru, bir başka soruya.. bir iş bir işe.. bir hitap bir hitaba engel olmaması ve karıştırmaması açıkça anlaşılıyor. Ve bütün o cilveler (yansımalar), o konuşmalar ve ilhamlar, birer birer ve beraber, ittifakla o güneşler Güneşi'nin (Yaratıcı'nın) ya-

---

[87] Sâdık ilhamlarla ilgili hadisler, Ahmed İbni Hanbel, Müsned 3/267; İbni Hibban, Sahih Buhari 13/407,408.

kınlığına ve varlığının kesin ve birliğine ve bir bir işaret ve tanıklık ettiklerini gözle görüp kesin bir bilgiyle bildi.

Sonra o dünya seyyahı kendi aklına dedi ki: "Madem bu kâinatın mevcut (var olan) yaratıklarıyla Mâlikim'i (Sâhibim'i) ve Hâlıkım'ı (Yaratıcım'ı) arıyorum; elbette her şeyden evvel bu var olan varlıkların en meşhuru.. ve düşmanının tasdikiyle dahi en mükemmeli.. ve en büyük kumandanı.. ve en ünlü hükmedcisi (etkileyicisi).. ve sözce en yükseği.. ve akılca en parlağı.. ve on dört asrı faziletiyle ve Kurân'ıyla ışıklandıran Muhammed-i Arabî Aleyhisselâtü Vesselâm'ı (Allah'ın salât ve selâmı onun üzerine olsun..) ziyaret etmek ve aradığımı ondan sormak için Asr-ı Saadet'e[88] beraber gitmeliyiz." diyerek, aklıyla beraber o asra girdi, gördü ki:

---

[88] Peygamber Efendimiz (s.a.v) ile şereflenen kutlu asır/çağ.

Saadet Asrı

ki: Zihniyle saadet asrının kıyılarına yaklaşan gezgin, gördük

O asır, hakikaten o Zât ile (Hz. Peygamber ile..) insanlar için bir mutluluk asrı olmuş. Çünkü en bedevî ve en ümmî (okuma yazması olmayan) bir milleti, getirdiği nur vasıtasıyla, kısa bir zamanda dünyaya üstad (rehber) ve hâkim (hükmedici) eylemiş.

Gördüğü çeşit çeşit harikaların cazibesine takılmış ve kendini o güzelliklerden alamayan gezgin, istemiyerek bir an durup biraz daha gerilere giderek, Hz. Muhammed'in (s.a.v) dünyaya teşrif etmeden önceki Arap Yarımadası ve çevresine göz atmak istedi.

İSLÂM ÖNCESİ ARABİSTAN

Arap Yarımadası Asya, Afrika ve Avrupa kıtalarının kesişme noktasında yer alır. Doğuda Basra Körfezi (İran Körfezi) ve Umman Denizi, Güneyde Arap Denizi ve Aden Körfezi, Batıda Kızıldeniz ve Akabe Körfezi ile çevrilidir. Yarımadanın belli başlı bölgeleri Tihâme, Hicâz, Necid, Yemen, Hadramut, Umân ve Bahreyn'dir.

En eski yerleşim yerlerinin başında gelen Arap Yarımadası'nın güney ve kuzeyinde İslâm öncesi dönemde çeşitli devletler kurulmuştur. Orta Arabistan'daki Hicaz bölgesinde ise İslâm dönemine kadar herhangi bir devletin kurulmadığı, bölgede insanların çeşitli kabileler halinde yerleşik veya göçebe olarak yaşadığı bilinmektedir. Güney Arabistan'da Maînliler, Sebeliler ve Himyerîler hüküm sürmüş, ardından bölgeye Habeşliler ve Sâsânîler hakim olmuştur. Kuzey Arabistan'da Nabatîler, Tedmürlüler, Gassânîler, Hireliler (Lahmîler) ve Kindeliler devlet kurmuşlardır.

Hicaz bölgesi ve bu arada Mekke'nin tarihi önemini açıklayabilmek Hicâz bölgesi ve bu arada Mekke İslâm tarihi açısından olduğu gibi dünya tarihi açısından da yeryüzünün en önemli bölgelerinden biridir. İslâm Mekke'de doğdu, önce Medine'ye, ardından Arap yarımadasının tümüne yayıldı. Hz. Peygamber'in vefatından sonra da yarımada dışındaki bölgelere ulaştı. Hz. Peygamber altmış üç yıllık ömrünün elli üç yılını Mekke'de, son on yılını da yine Hicâz bölgesinin bir şehri olan Medine'de geçirdi. Hac ibadetinin yapıldığı Kâbe, Mescid-i Haram, Arafat, Müzdelife ve Mina Mekke ve çevresindedir.

İslâm öncesi Arap toplumu kabilecilik esasına dayanır. Kabile asabiyeti (kabilecilik anlayışı) genel kuralları belirleyicidir. Arap kabileleri Güneyli ve Kuzeyli (veya Kahtânî ve Adnânî) olmak üzere iki ana koldan gelir. Araplar yerleşik (hadarî) ve göçebe (bedevî) olarak yaşarlardı. Yılın belirli mevsimlerinde belirli yerlerde kurulan panayırlar ekonomik hayatın canlılığını temin ederdi. Dinî açıdan genel anlamda putperestlik hakimdi. Bununla birlikte yarımadada Yahudilik, Hıristiyanlık ve Mecûsîlik gibi dinler de taraftar bulmuştur. Hac en önemli ibadetlerden biri olup bu bağlamda Mekke ve Kâbe'nin önemi büyüktür.

İslâm öncesi toplumu genel anlamda Câhiliye toplumudur. Tevhidden uzaklaşmış, hak ve hukun üstünlüğü yerine gücün üstünlüğünü esas almıştır.

HZ. MUHAMMED'İN PEYGAMBERLİK ÖNCESİ HAYATI

Peygamber Efendimiz'in soyu yirmi birinci kuşaktan atası olan Adnân vasıtasıyla Hz. İbrahim'in oğlu Hz. İsmail'e dayanmaktadır. Babası, Araplar'ın Adnânîler kolundan, Kureyş kabilesinin Hâşimoğulları sülâlesine mensup Abdullah b. Abdülmuttalib'tir. Annesi, Kureyş kabilesinin Benî Zühre koluna mensup Vehb b. Abdümenâf'ın kızı Âmine'dir. Hz. Peygamber onların evliliklerinden dünyaya gelen tek çocuklarıdır. Hz. Peygamber'in mensup olduğu Kureyş kabilesi Mekke idaresini elinde bulundurması, Kâbe ve hac hizmetlerini yürütmesi bakımından yarımada Arapları nezdinde saygın bir yere sahipti.

Hz. Peygamber, babası Abdullah onun doğumundan kısa bir süre önce vefat ettiği için yetim olarak Mekke'de dünyaya geldi (20 Nisan 571). Dört veya beş yaşına kadar Hevâzin kabilesinin Sa'd b. Bekir koluna mensup sütannesi Halîme'nin yanında kaldı. Altı yaşında babasının Medine'deki mezarını ziyaretten Mekke'ye dönerken Ebvâ denilen yerde annesini kaybetti ve öksüz kaldı. Sekiz yaşında dedesi Abdülmuttalib vefat edince amcası Ebû Tâlib onun himayesini üstlendi. Yirmibeş yaşında Hz. Hatice ile evleninceye kadar amcasının yanında kaldı. Bu arada çobanlık yaptı ve ticaretle meşgul oldu.

Ticaret amacıyla Arap yarımadasının çeşitli yerlerinde düzenlenen fuarlara katıldı, Suriye'ye gitti. Bu vesileyle değişik ülke ve yörelerin insanlarını ve kültürlerini tanıma imkanı buldu. Yetim ve öksüz büyüdüğü gibi maddî açıdan da genel itibariyle fakirlik içinde yaşadı.

Hz. Peygamber, amcası Ebû Tâlib'in yanında kaldığı sırada aile bütçesine katkı sağlamak ve yardımcı olmak amacıyla çobanlık yaptı; hem ailenin hem de Mekkeliler'in koyunlarını güttü. Ticaretle meşgul oldu ve kazancını amcasıyla paylaştı. Ne pahasına olursa olsun Mekke'de haksızlığa ve zülme uğrayan yerli veya yabancıların haklarını zalimlerden almak üzere and içen Hilfü'l-fudûl derneğine katıldı ve birçok haksızlığın önüne geçti.

Hz. Peygamber yirmi beş yaşında iken o sırada kırk veya yirmi sekiz yaşında olan Hz. Hatice ile evlendi. Bu evlilikten Kâsım, Abdullah, Zeynep, Rukıyye, Ümmü Gülsüm ve Fâtıma adlarında iki erkek dört kız çocukları dünyaya geldi. Hz. Peygamber hem kendi çocuklarına hem de Hz. Hatice'nin önceki iki evliliğinden olan çocuklarına şefkatli davrandı. Onun Hz. Hatice ile birlikte kurduğu yuvanın temelinde karşılıklı sevgi, saygı, sadakat, vefa ve eşine değer verme gibi ilkeler vardı. Zengin bir hanım olan Hz. Hatice maddî imkanlarını fakir büyümüş olan eşiyle paylaşırken asla başa kakmadı. Hz. Peygamber kendisini himaye eden amcası Ebû Tâlib'in oğlu Ali'yi bu güvenle yanına alabildi. Hz. Peygamber'e kırk yaşında vahiy geldiğinde Hz. Hatice'nin ona inanan ilk kişi olması ve ardından malını İslâm'a hizmet için harcaması bu mutlu yuvanın temelindeki karşılıklı sevginin ve güvenin bir sonucudur.

Hz. Peygamber câhiliye toplumunda dünyaya geldi. Bu dönemde Allah'ın birliğine dayanan tevhîd inancının yerini şirk almış, tevhidin merkezi olan Kâbe putperestliğin merkezi haline gelmişti. İnsanlar haklının değil, zengin ve güçlünün yanında idi. Kabile asabiyeti, haklı veya haksız olduğuna bakmadan kabilesini desteklemeyi gerektiriyordu. Kadınlara ikinci sınıf muamelesi yapılıyor, kız çocuğuna sahip olmak utanç vesilesi olarak görülüyordu. Hatta bazı kabilelerde kız çocukları diri diri toprağa gömülüyordu. Köle ve cariyeler efendilerinin insafına terk edilmişti. İçki, kumar, faiz, fuhuş, yağmacılık ve çapulculuk yaygın hale gelmişti. Kısacası toplumda kötülükler hâkim olmuştu. İyilik, doğruluk, adalet ve hukuk gibi kavramlar bilinmekte ve az da olsa bu hususlara riayet eden insanlar var olmakla birlikte bu değerler toplumda etkin konumda değildi. Hz. Peygamber kırk yaşına kadar böyle bir toplumda yaşadı. Ancak o, câhiliye toplumuna hakim değerleri değil hak, hukuk, adalet, iyilik doğruluk, emanet ve emniyet gibi evrensel değerleri benimsedi. Hiçbir zaman putlara tapmadı, akrabalık bağını zedelemedi, komşuluk haklarına riayet etti, zalim kim olursa olsun ona karşı durdu, zayıfları korudu, elinden ve dilinden insanlar emin oldu, hiçbir zaman yalan söylemedi, iftira atmadı, yetim malı yemedi. Etrafı kötülüklerin sardığı bir ortamda örnek bir insan olarak yaşadı ve tek başına da kalsa haktan, doğruluktan ayrılmadı. Öyle ki, toplumda Muhammedü'l-Emin veya kısaca el-Emîn adıyla anılmaya başladı.

İSLÂM'IN MEKKE DÖNEMİ

Hz. Muhammed ilk peygamberlik tecrübesiyle karşılaştığında büyük bir tereddüt yaşamış ve kendisine cinlerin musallat olduğundan korkmuştu. Durumu eşi Hz. Hatice'ye açtığında başına kötü bir şeyin gelmeyeceğini söyleyerek Hz. Peygamber'e destek vermiştir. Hz. Peygamber, Varaka b. Nevfel ile de görüşerek ona yaşadıklarını anlatmış; Varaka, Hz. Peygamber'in karşılaştığı varlığın Hz. Musa'ya vahiy getiren melek olduğunu söylemiştir.

Mekkelilerin önemli bir çoğunluğu, hem kabileci bir toplum olmanın gereği olarak, hem de bir insanın Allah'ın elçisi olabileceğine inanmadıkları için Hz. Muhammed'in getirdiği dini kabul etmediler. Kuşkusuz bu tavrın şekillenmesinde atalarının dinine ve geleneğe olan bağlılıkları, yeni dinin Mekke'nin ekonomik hayatında önemli bir yere sahip olan ticarete zarar verebileceğini düşünmeleri de etkili olmuştur. Özellikle kabile liderleri Hz. Muhammed'e karşı çıktıkları halde İslâm'ın gençler arasında yayılmasını engelleyememişlerdir. Bu durum zamanla şiddetlenen bir mücadelenin ortaya çıkmasına sebep olmuştur.

Hz. Muhammed, peygamber olduğunu anladıktan sonra getirdiği din hususunda en küçük bir tereddüt yaşamamış; tam bir bağlılıkla mücadele azmi göstermiştir. Getirdiği dinin temel inanç ilkelerinden taviz vermediği gibi, müşriklerin bu anlamdaki uzlaşma önerilerini reddetmiştir. Öte yandan kendisine sunulan dünyevî imkanlar ya da şan ve şöhret elde etme önerilerini reddetmiştir.

Hz. Peygamber önce çevresindeki arkadaşlarından başlayarak tebliğde bulunmuş; bu dönemde müşriklerin sert muhalefetiyle karşılaşmamıştır. Zira müşrikler, bu sıralarda Hz. Muhammed'in getirdiği mesajın doğuracağı etkilerin farkında değillerdi. Ancak açık tebliğe başladıktan ve Mekke'de Müslümanların sayısı arttıktan sonra tepkiler de sertleşmiştir. Müşriklerin öncelikli tavrı Hz. Peygamber'in tebliğ faaliyetini engellemek için akrabaları olan müşriklerin baskılarını harekete geçirmek olmuştur. Bu amaçla Resûlullah'ın (Hz. Peygamberin) amcası Ebû Tâlib'le birkaç görüşmeleri olmuş ancak sonuç alamamışlardır. Bundan sonra baskının Hâşimoğullarının tamamını kapsayacak şekilde arttığını ambargo hadisesinde görüyoruz. İstisna tutulan Ebû Leheb ve ailesi, başından beri Hz. Peygamber'e karşı muhalif bir tutum takınmıştır.

Bütün baskılar Hz. Peygamber'i yolundan çeviremeyince işi onu Mekke'deki bazı kabilelerin katılımıyla öldürmek suretiyle ortadan kaldırmaya kadar götürdüler. Hz. Peygamber, müşriklerin tebliği engelleme çabalarını etkisiz hale getirmek için birçok Müslümanı Habeşistan'a göndermiştir. Ambargo yıllarında ortaya çıkan sıkıntılar, hem kabile dayanışmasıyla hem de diğer kabileler arasındaki hısımlarının desteğiyle atlatılmıştır.

Mekke'de tebliğ imkânı ortadan kalktığında Allah Resûlü'nün Taif'e giderek yeni bir tebliğ çevresi oluşturmak istediğini görüyoruz. Taif yolcuğundan umduğunu bulamayan Hz. Peygamber, Mekke'ye tekrar döndükten sonra özellikle dışarıdan hac ibadeti için gelen kabileler arasında davet faaliyetine devam etmiş; bu çerçevede bazı Medinelilerin Müslüman olması mümkün olmuştur.

Hz. Peygamber'in hicret etmesi, Mekke'deki tebliğ imkânlarını sonuna kadar kullanmasından sonra gerçekleşmiştir. Mekkeli müşrikler, Hz. Peygamber'in tebliğ yapmasını engellemekle kalmayıp onu ortadan kaldırarak sorunu çözmeye kalkıştıkları sırada Allah Resûlü'ne (Allah'ın Elçisi'ne) hicret izni verilmiştir. İslâm'ın Medine'de hızla yayılması üzerine Allah Resûlü Mekke'de ortaya çıkan sıkıntılı durumu aşmak için Medine'ye hicret ederek davete oradan devam etmiştir.

Hicret hem Müslümanlar, hem Medineliler, hem de Mekkeliler açısından önemli sonuçlar doğurmuştur. Müslümanlar izzetli bir şekilde dinlerini yaşama imkânı buldukları gibi tebliğin önündeki engeller kalkmıştır; Medine'de Hz. Peygamber'in şehre gelişiyle barış ortamı sağlanmış; Mekkelilerin Suriye taraflarına yaptıkları ticaretleri tehlikeye girmiştir.

İSLÂM'IN MEDİNE DÖNEMİ

Hz. Peygamber muhacirlerle ensâr arasında kardeşlik (muâhat) antlaşması yaparak müslümanların kendi içerisinde birliğini sağladı. Ayrıca *"Medine Vesikası"* adı verilen antlaşmayla da ensâr ve muhacirler ile Benî Kaynukâ, Benî Nadîr ve Benî Kurayza yahudilerini Medineli olma fikri etrafında bir araya getirdi. Kendisi devlet başkanlığını üstlendi.

Mekkeliler Medinelilere başvurup muhacirlere yardımcı olmamalarını ve onları iade etmelerini istedi. Tek geçim kaynakları olan kervan ticaretinin Medine'deki Müslümanlar tarafından engellenmesini hayatî bir tehdit olarak değerlendiren Mekke müşrikleriyle hicretin 2. Yılında (m. 624) yapılan ve Müslümanların kesin zaferiyle sonuçlanan Bedir Gazvesi, İslâm'ın Arap yarımadasında büyük bir itibar ve güç kazanmasını sağladı. Ardından gerek Mekke müşrikleri, gerekse antlaşmalarını bozan Medine Yahudileriyle yapılan Benî Kaynukâ, Uhud, Benî Nadîr, Benî Mustalik, Hendek ve Benî Kurayza gazveleri ve diğer askerî harekât nihayet Hudeybiye Antlaşması ile sonuçlandı.

Medine yahudileri müslümanlarla bir arada yaşamayı ve Medine'yi birlikte savunmayı öngören antlaşmayı imzalamakla birlikte İslâm'a ve müslümanlara karşı önyargılı oldular. Fırsat buldukça müslümanları küçümsediler, Hz. Peygamber'e suikast teşebbüsünde bulundular.

Antlaşmaya aykırı olarak, müslümanların düşmanlarına yardımcı oldular. Neticede Benî Kaynukâ ve Benî Nadîr sürgün, Benî Kurayza mensubu erkekler de ölüm cezasına çarptırıldı.

HUDEYBİYE VE SONRASI

Hudeybiye Antlaşması, İslâm'ın Medine döneminde yeni bir sürecin başlangıcı oldu. Mekke müşriklerinin Medine İslâm Devleti'ni resmen tanıdığı bu antlaşmayla, davet için bir sulh ortamının sağlanmasının yanı sıra, düşman ittifakı da parçalanmış, İslâm düşmanlığının ikinci merkezi haline gelen Hayber yalnız bırakılmıştı. Hz. Peygamber, bir taraftan hükümdar ve emirlere davet mektupları gönderdi, bir taraftan da Hayber'in fethini gerçekleştirdi. Ayrıca İslâm'ın yayılışı hızlandı, bazı kabileler, kendiliklerinden Medîne'ye siyâsî heyetler göndermeye başladılar. Bu arada Kazâ umresi yerine getirilip Kâbe ziyaret edildi. Bu ziyaret Mekkeliler'in Müslümanlar hakkındaki düşüncelerini müsbet yönde etkiledi.

Resûl-i Ekrem (Hz. Peygamber) bütün insanlığa son peygamber olarak gönderilmiştir. Hudeybiye Antlaşması'ndan sonra Bizans ve Sâsânî imparatorlarına, Habeş hükümdarına, Mısır mukavkısı'na, Umân melikine mektup gönderip İslâm'a davet etmesi bunu göstermektedir.

Hz. Peygamber'in amacı insanlara İslâm'ı anlatmaktı. Son çare olarak başvurduğu savaş ise caydırıcı olmak ve İslâm'ın önündeki engelleri kaldırmak içindir. Bununla birlikte o, savaş durumunda da insanî ilkelerden taviz vermemiştir. Gönderdiği birliklere önce muhataplarını İslâm'a davet etmelerini istemiş, savaş sırasında kadın, çocuk, din adamları ve yaşlıların öldürülmemesini, ağaçların kesilmemesini emretmiştir.

Hicretin 8. yılında (M. 630) Mekke'nin fethinin ardından Kureyşlilerin, Huneyn Savaşı'nın ardından da kalabalık Hevâzin kabilesinin İslâm'ı kabul etmesi, İslâmiyet'in kısa süre içinde bütün Arabistan'a yayılmasına zemin hazırladı. Tebük seferiyle de, önemli siyasi bir zafer kazanılmış; ayrıca Arabistan'ın kuzey kısmı İslâm hakimiyetine girmişti. Bu gelişmeler üzerine, Arabistan'ın çeşitli bölgelerinde yaşayan kabileler, Medîne'ye heyetler göndermeye başladılar. İslâma girmek için adeta Kureyş'in İslâmiyet'i kabulünü bekleyen bu kabileleri temsil eden heyetlerin sayısı gittikçe artıyor; Medine'ye gelen heyetler Hz. Peygamber'e İslâm'a girdiklerini açıklıyorlardı. Kabile heyetleri en yoğun olarak hicretin 9. yılında (M. 630-631) geldiler. Onun için bu yıla "heyetler yılı/senetü'l-vüfûd" denildi. Heyetlerin gelişi onuncu yılda da devam etti. Hz. Peygamber'in vefatı sırasında İslâm bütün Arap yarımadasına yayılmış bulunmaktaydı.

İslâm'da insanın sadece insan olması itibariyle birçok hakkı vardır. Can ve mal emniyetinin sağlanması, din ve vicdan hürriyeti bunların başında gelir. Irk ve renk ayırımı yoktur. Allah katında herkes eşittir: Üstünlük takva iledir. Hz. Peygamber, hicretin onuncu yılında ashâbıyla (arkadaşlarıyla) birlikte hacca giderek ilk ve son haccı olan Vedâ Haccı'nı ifa etti. Bu haccı sırasında yaptığı konuşmalarda, İslâm dininin en önemli ilkelerini veciz bir şekilde açıkladı. Temel insan haklarını dile getirdiği Vedâ Hutbesi sırasında ashabıyla vedalaştı.

HZ. PEYGAMBER'İN AHLÂKÎ ŞAHSİYETİ-AİLE HAYATI-SİYASÎ VE ASKERÎ KİŞİLİĞİ

Hz. Peygamber gerek ahlâk gerekse dış görünüş bakımından insanların en mükemmeli idi. Uzuna yakın orta boylu, ince ve geniş omuzluydu. Gözleri siyah, kaşlarının arası az açıktı. Saçı kumral olup hafifçe dalgalı idi.

Yatarken, kalkarken ve her vesileyle Allah'a dua ederdi. Temizliğe çok önem verir, özellikle ağız ve diş temizliğine dikkat ederdi. Giyiminde titizdi, dağınıklıktan hoşlanmazdı. Gerek giyim, gerekse ev eşyasında ihtiyacı karşılamaya, sadeliğe, temizliğe ve tertipliliğe özen gösterirdi. İyice acıkmadan sofaraya oturmaz, karnını tıka basa doldurmadan da sofradan kalkardı. Her zaman güler yüzlü, tatlı sözlüydü. Tane tane konuşur önemli gördüğü hususları tekrar ederdi. Kimseyi, üzmez, kimseyi hor görmez ve azarlamazdı. Herkes onun yanında kendisini rahat hissederdi.

Hz. Peygamber (s. a. v), mütevazı ve sabırlıydı. Allah'ın ihsan (ikram) ettiği sonsuz nimetlere karşı şükrederdi. Gönlü, şefkat ve merhamet doluydu. Hoşgörüsüyle bilinirdi, insanların kalbini kazanmaya önem verirdi. Azimliydi, cesurdu. Duyarlı ve duyguluydu. Doğruluk ve güvenilirlik, onun en belirgin özellikleri arasındaydı. Cömertti, vefakârdı; kendisine yapılan iyilikleri, üzerinde emeği olanları ve İslâm'a hizmet edenleri her zaman şükran ve minnetle anardı. Çocukları çok severdi. Gençlerle ilgilenir ve yeteneklerine göre sorumluluk verirdi. Yaşlılara, hanımlara ve özürlülere son derece nazik davranırdı.

Hz. Peygamber'in en güzel örneklerini verdiği bir alan da aile hayatıdır. O, aile bireyleriyle saygı ve sevgiye dayalı ilişkiler kurmuş, onlara karşı son derece olgun ve nazik davranmış, ehl-i beytine değer vermiş, onlarla aynı sofrayı paylaşmaktan mutlu olmuştur. Aile hayatında iyi bir eş, şefkatli bir baba ve dede olmuştur.

Hz. Peygamber Medine'ye hicretten sonra şehrin müslüman ve gayri müslim tüm sakinlerini kapsayan, *"Medine Vesikası"* adı verilen siyasî bir organizasyon gerçekleştirmiş ve devlet başkanı olmuştur. Hicretin 2. yılından (M. 624) sonra İslâm'ın önündeki engelleri ortadan kaldırabilmek ve düşmanlıklarına karşı koyabilmek için müşrikler, Yahudiler ve Hıristiyanlarla bazı savaşlar yapmış, elde ettiği üstünlükle bölgede etkili bir siyasî güç hâline gelmiştir.

Hz. Peygamber, yönetimde bürokrasinin halkın hizmetine sunulması ve hızlı bir şekilde yürütülmesine; ekonomik hayatın emniyet içinde sürdürülmesine, ticaretin dürüstlük ölçüleriyle canlı tutulmasına, özetle tüm idarî hizmetlerin adalet ölçüsüyle yerine getirilmesine önem vermiş, buna paralel olarak idarî hayatta yozlaşmayı ve bozulmayı önlemek için gereken tedbirleri de almıştır.

Yönetimde adalet, hukuk, istişare, ehliyet ve liyakat gibi temel ilkelere bağlı kalmıştır. Savaşlarda insanî ve ahlâkî davranmayı elden bırakmamış, kadınlar, çocuklar ve yaşlılara dokunulmaması, herhangi bir aşırılığa meydan verilmemesi hususunda sıkı uyarılarda bulunmuştur, dedikten sonra gezgin; hazır saadet asrında dolaşırken zihnini biraz daha zorlayarak müsaade ölçüsünde Hz. Peygamber'in biraz daha yakın semtine yanaştı...

Hem kendi aklına dedi: "Biz en evvel, bu fevkalâde Zât'ın (Hz. Peygamber'in) bir derece kıymetini ve sözlerinin hakkaniyetini ve haberlerinin doğruluğunu bilmeliyiz. Sonra Yaratıcı'mızı O'ndan (Hz. Peygamber'den) sormalıyız." diyerek araştırmaya başladı. Bulduğu sayısız kesin delillerden burada yalnız dokuz bölümüne birer kısa işaret edilecek:

Birincisi: Bu Zât'ta (a.s.m), hattâ düşmanlarının tasdikiyle dahi,[89] bütün güzel huyların ve hasletlerin bulunması.. ve *"...Ay bölündü."*[90] ve *"(Ey Resulüm/Ey Elçim), attığın vakit sen atmadın, lâkin Allah attı!"*[91] âyetlerinin açık anlamıyla, bir parmağının işaretiyle kamerin/ayın iki parça olması.. ve bir avucuyla düşman ordusuna attığı az bir toprak, umum o ordunun gözlerine girmesiyle kaçmaları.. ve susuz kalmış kendi ordusuna, beş parmağından kevser gibi akan suyu kifayet derecesinde içirmesi gibi, kesin rivayetler ile ve bir kısmı nakledilen kesin haberlerle, yüzlerce mucizelerin O'nun elinde ortaya çıkmasıdır, deyip anlatımına devam etti:

"Bu kadar güzel ahlâk ve faziletlerle beraber bu kadar apaçık mucizeleri bulunan bir Zât (Hz. Peygamber) elbette en doğru sözlüdür. Ahlâksızların işi olan hileye, yalana ve yanlışa tenezzül etmesi mümkün değil."

İkincisi: Elinde bu kâinat Sahibi'nin bir fermanı bulunduğu ve o fermanı her asırda üç yüz milyondan ziyade insanların kabul ve tasdik etmesi.. ve o ferman olan şânı yüce Kurân-ı Kerîm'in, yedi yönüyle harika olmasıdır. Ve kırk yönüyle mucize olduğu ve kâinatın/evrenin Yaratıcı'sının sözü bulunduğu, kuvvetli delilleriyle beraber: *"Böyle gerçeğin ta kendisi bir fermanın tercümanı ve tebliğ edicisi bir Zât'ta (Hz. Peygamber'de) fermana cinayet ve*

---

[89] Meselâ Mukavkıs, Huyey İbni Ahtab, Ebûcehil ve Abdullah İbni Sûriya gibi kimseler.
[90] Kamer Suresi, 54/1.
[91] Enfâl Suresi, 8/17.

ferman sahibine hıyanet hükmünde olan yalan olamaz ve bulunamaz."

Üçüncüsü: O Zât (Hz. Peygamber) öyle bir hukuki kurallar ve bir İslâmiyet (din) ve bir ubudiyet (kulluk) ve bir dua ve bir davet ve bir imanla meydana çıkmış ki; onların ne misli var ne de olur. Ve onlardan daha mükemmel, ne bulunmuş ve ne de bulunur. Çünkü ümmî[92] bir Zat'ta (Hz. Peygamber'de) zuhur eden o şeriat (dinî hüküm ve kurallar), on dört asrı ve insanlığın beşte biri, âdilce ve hakkaniyet (doğruluk) üzere ve titizlikle ve kanun ve kurallarıyla idare etmesi emsal kabul etmez.

Hem, ümmî (okuma ve yazması olmayan) bir Zât'ın (Hz. Peygamber'in) fiiller ve sözler ve hallerinden çıkan İslâmiyet, her asırda üç yüz milyon insanın rehberi ve kaynağı.. ve akıllarının muallimi ve mürşidi (rehberi).. ve kalblerinin aydınlatıcısı ve arı duru (tertemiz) hâle getiricisi.. ve nefislerinin mürebbîsi (eğiticisi) ve müzekkîsi (temizleyicisi).. ve ruhlarının gelişip olgunlaşma vesilesi ve tüm yükselmelerin maddi-manevi kaynağı olması yönüyle, misli olamaz ve olamamış.

Hem dininde bulunan bütün ibadetlerin bütün çeşitlerinde en ileri olması.. ve herkesten ziyade takvâda bulunması.. ve Allah'tan korkması.. ve fevkalâde daimî gayretler ve sıkıntılar içinde tam tamına ubudiyetin (kulluğun) en ince sırlarına kadar riâyet etmesi.. ve hiç kimseyi taklit etmeyerek ve tam mânâsıyla ve yeni başlar bir tarzda fakat en mükemmel olarak hem başlangıç ve sonu birleştirerek yapması, elbette misli görülmez ve görünmemiş.

Hem binler dua ve münâcâtlarından Cevşenü'l-Kebîr[93] ile öyle bir marifet-i Rabbâniye[94] ile öyle bir derecede Rabbi'ni ve

---

[92] Kuran'da Hz. Muhammed'in (s.a.v) ümmî olduğunu ifade eden ilgili ayetler: A'râf Suresi, 7/157; Ankebût Suresi, 29/48.

[93] Cevşenü'l-Kebîr: Büyük zırh, demektir. Peygamberimiz Hz. Muhammed'e (s.a.v) vahiyle gelen en büyük ve en mühim bir münâcâtın (dua ve yakarışın) ismidir.

vasıflarını sayıp söylüyor ki; o zamandan beri gelen Allah'ı bilen kimseler ve Allah'a yakın kimseler (Allah dostları), fikirlerin birbiriyle aşılanmasıyla beraber, ne o Allah'ı bilme mertebesi ve ne de o anlatım seviyesine yetişememeleri gösteriyor ki; duada dahi O'nun misli yoktur. Münâcât kitabının başında Cevşenü'l-Kebîr'in doksan dokuz bölümünden bir bölümünün kısacık bir meâlinin beyan edildiği yere bakan adam, "Cevşen'in dahi misli yoktur!" diyecek.

Hem Allah'ın mesajını bildirmede ve insanları, hakka ve doğruya davette o derece sağlam duruş ve kararlılık ve cesaret göstermiş ki; büyük devletler ve büyük dinler, hattâ kavim ve kabilesi ve amcası O'na şiddetli düşmanlık ettikleri halde; zerre miktar bir tereddüt eseri, bir telâş, bir korkaklık göstermemesi.. ve tek başıyla bütün dünyaya meydan okuması ve başa da çıkarması.. ve İslâmiyet'i dünyanın başına geçirmesi ispat eder ki, tebliğ ve davette dahi misli olmamış ve olamaz.

Hem imanda öyle fevkalâde bir kuvvet ve harika bir yakîn (tam iman) ve mucizeli bir açılım ve cihanı ışıklandıran bir ulvî inanç taşımış ki, o zamanın hüküm ve saltanat sürenleri bütün fikir ve inançları ve bilginlerin (filozofların) felsefeleri ve ruhanî reislerin ilimleri O'na muarız ve muhalif ve münkir (inkarcı) oldukları halde O'nun ne yakînine (imandaki gücüne), ne inancına, ne güvenine, ne iç huzuruna) hiçbir şüphe, hiçbir tereddüt, hiçbir yetersizlik, hiçbir vesvese vermemesi ve mâneviyatta ve iman mertebelerinde yükselen başta sahâbeler ve bütün Allah dostları, O'nun her vakit iman derecelerinden feyz almaları ve O'nu en yüksek derecede bulmaları açıkça gösterir ki, imanı dahi emsalsizdir (benzeri yoktur).

İşte böyle emsalsiz (benzersiz) bir hukuk ve misilsiz bir İslâmiyet (din) ve harika bir ubudiyet (kulluk) ve fevkalâde bir dua

---

[94] Marifet-i Rabbâniye: Allah'ı sıfat, isim ve fiileriyle tanımak, bilmek. Kalp ve vicdan kültürü...

ve tüm varlık boyutlarının beğenip takdir edeceği bir dâvet ve mucize dolu bir iman sahibinde, elbette hiçbir yönüyle yalan olamaz ve aldatmaz, diye anladı ve aklı dahi tasdik etti.

Dördüncüsü: Peygamberler'in (Allah'ın selamı onların üzerine olsun) icmâî (topluca üzerinde fikir birliği edindikleri davaları..), nasıl ki Cenab-ı Hakk'ın varlığı ve birliğine gayet kuvvetli bir delildir; öyle de, bu Zât'ın (Hz. Muhammed'in) doğruluğuna ve elçiliğine gayet sağlam bir tanıklıktır. Çünkü peygamberlerin doğruluklarına ve peygamber olmalarına sebep olan ne kadar kudsî sıfatlar ve mucizeler ve vazifeler varsa, O Zât'ta (Hz. Muhammed'te) en ileri seviyede olduğu tarihçe kabul edilmiştir. Demek onlar, nasıl ki anlatımlarıyla Tevrat, İncil, Zebur ve Sayfaların'da bu Zât'ın (Hz. Muhammed'in) geleceğini haber verip insanlara müjde vermişler ki; hâl dilleriyle, yani elçilikleriyle ve mucizeleriyle, kendi mesleklerinde ve vazifelerinde en ileri ve en mükemmel olan bu Zât'ı tasdik edip dâvâsını imza ediyorlar. Ve anlatımları ve topluca Yaratıcı'nın varlığına ve birliğine işaret ettikleri gibi, hâl dilleri yerine geçen peygamberlikleri ile ve beraberce de, bu Zât'ın (Hz. Muhammed'in) doğruluğuna tanıklık ediyorlar, diye anladı.

Beşincisi: Bu Zât'ın (Hz. Muhammed'in) prensipleri ve terbiyesi ve O'na tâbi olmakla ve arkasından gitmeleriyle doğruya ve vahiy destekli gerçeklere, faziletlere, kerâmetlere (ilahi ikramlara), keşfiyata,[95] gözlemle elde edilen bilgilere yetişen binlerce evliya, Allah'ın varlığına ve birliğine işaret ettikleri gibi; üstadları olan bu Zât'ın (Hz. Muhammed'in) doğruluğuna ve elçiliğine bir ve beraberce tanıklık ediyorlar. Ve varlığın gayb boyutundan ver-

---

[95] Keşfiyat: Keşifler, bulup meydana çıkarılan sırlar... Yaratıcı'nın ihsan ve ilhamı ile Allah dostlarının, özelikle de zirve zâtların ve hususi olarakta Kuran-ı Hakim'in irşadı ile ve fezyi ile Allah dostlarının reisi ve kainatın Efendisi olan Peygamberimiz'in (s.a.v) dersi ile zirve makamın yüksek zirvesine yükselmiş büyük hizmetçi zâtın kalp ve ruh gözüyle, basiretle eşyanın perde ötesine nüfuz ederek vâkıf oldukları geçmiş, hâlihazır, gelecek ve varoluşla alakalı bilgiler, mânevi sırlar...

diği haberlerin bir kısmını Allah'a yakınlığın basiretiyle gözlemlemeleri.. ve umumunu, imanın aydınlığıyla ya bilip öğrenerek veya görüp gözlemliyerek veya yaşanarak edinilen bilgi suretinde inanıp tasdik etmeleri, üstadları olan bu Zât'ın (Hz. Muhammed'in), haklılık derecesini ve doğruluğunu güneş gibi gösterdiğini gördü.

Altıncısı: Bu Zât'ın (Hz. Muhammed'in) herhangi bir eğitim almayıp okuma yazma bilmemesiyle beraber, getirdiği yüce hakikatler (vahiy destekli gerçekler..) ve ortaya koymuş olduğu yüksek ilimler ve keşfettiği ilâhi bilgilerin dersiyle ve talimiyle ilmi derecede en yüksek makama yetişen milyonlar asfiyayı müdakkikîn (Peygamber varisi araştırman kişiliklerin..) ve seçkin Allah dostlarının ve uzman mümin bilginlerin (filozofların), bu Zât'ın (Hz. Muhammed'in) temel dâvâsı olan vahdâniyeti (Yaratıcı'nın varlığını ve birliğini) kuvvetli delil ve fikir birliğiyle ispat ve tasdik ettikleri gibi; bu en "Büyük Muallim" ve en "Büyük Rehber'in" haklılığına ve sözlerinin doğru olduğuna oy birliğiyle tanıklıkları, gündüz gibi peygamberliğinin ve doğruluğunun bir delilidir.

Yedincisi: "Âl"[96] ve "Ashâb"[97] namında ve insanlığın peygamberlerden sonra feraset (keskin sesiş) ve dirayet (kuvvetli zekâ) ve ahlâki faziletlerle en meşhuru ve en muhterem ve en ünlüleri ve dindar ve keskin nazar sahibi kısmı, büyük bir merakla ve gayet dikkat ve son derece ciddiyetle bu Zât'ın (Hz. Muhammed'in) bütün gizli ve âşikâr hallerini ve fikirlerini, vaziyetlerini araştırma ve teftiş ve tetkik etmeleri neticesinde bu Zât'ın (Hz. Muhammed'in), dünyada en sâdık ve en yüksek ve en haklı ve hakikatli olduğuna oy birliğiyle ve topluca sarsılmaz tasdikleri ve kuvvetli imanları, güneşin ışığına işaret eden gündüz gibi bir delildir, diye anladı.

---

[96] Âl: Hz. Peygamber Efendimiz'in (s.a.v) kızı Hz. Fâtıma ve damadı Hz. Ali vasıtasıyla devam eden kutlu soyu.

[97] Ashâb: Hz. Peygamber Efendimiz'in (s.a.v) ile aynı zaman ve ortamda beraber olup O'na iman etme bahtiyarlığına ermiş seçkin, talihli kimseler.

Sonra gezgin, Hz. Peygamber'in aile hayatını biraz daha yakından tanımak istedi. Zamanın farklı bir şeritine girerek saadet asrının gül kokan limanına yaklaştı. İzin çıkınca da o özel kapıdan içeri girdi ve doyum olmaz gözlemine başladı:

HZ. PEYGAMBER'İN EŞLERİ VE EV HAYATI

Evet, Peygamberimiz'in ilk eşi, 25 yaşında iken evlendiği Hz. Hatice'dir. O sırada kırk yaşında dul bir hanım olan Hz. Hatice ticaretle meşgul oluyordu ve Mekkeliler arasında *Tâhire* yani, saf, temiz unvanıyla tanınıyordu. Kendisine yapılan evlenme tekliflerinin hepsini geri çevirmiş ve *el-Emîn* (doğru, güvenilir) unvanıyla tanınan Hz. Peygamber'le evlenmeyi tercih etmişti.

Hz. Hatice, ölünceye kadar Peygamberimize içten bir sevgi duymuş, İslâm'a giren ilk mümin olma şerefini kazanmış, çeşitli sıkıntılara karşı ona her zaman destek olmuştur. Peygamberimiz de onu çok sevip saymış, iyiliklerini hiç unutmamış, ölümünden sonra da onu sürekli rahmet ve minnetle anmış, kabrini ziyaret etmiş, geride kalan yakınları ve dostlarıyla ilgilenmiştir. Peygamber Efendimiz, Hz. Hatice'nin vefatına kadar başka bir evlilik yapmadı.

İlk eşi vefat ettiğinde kendisi 50 yaşına ulaşmıştı. Diğer evliliklerinin tümünü bu yaşından sonra gerçekleştirmiştir. Dolayısıyla sonraki evliliklerinde bazan iddia edildiği gibi cinselliğin değil, bir takım özel sebepler ve hikmetlerin sözkonusu olduğu açıktır. Peygamberimiz'in Hz. Hatice'nin vefatından sonra çeşitli gayelerle evlendiği hanımlar, Hz. Sevde, Hz. Âişe, Hz. Hafsa, Hz. Zeyneb bint Huzeyme, Hz. Ümmü Seleme, Hz. Cüveyriye, Hz. Zeyneb bint Cahş, Hz. Ümmü Habîbe, Hz. Safiyye, Hz. Meymûne ve Hz. Mâriye'dir. Hz. Peygamber'in eşleri "mü'minlerin anneleri" *(ümmehâtü'l-mü'minîn)* olarak kabul edilirler.

Hz. Peygamber'in evliliklerinde çeşitli hikmetler vardır. Meselâ Hz. Âişe ve Hz. Hafsa annelerimiz vasıtasıyla hanımlara dinî alanda bilgi aktarımı yaptığı ve İslâmî hizmetlerde önceliği olan Hz. Ebû Bekir ve Hz. Ömer'le dostluğunu pekiştirdiği düşünülebilir. Bazı hanımlarla evliliği, onların İslâm'daki fedakârlığına bir vefa şeklinde gerçekleşmiştir. Habeşistan'a göç etmiş olan Hz. Ümmü Habîbe ile Hz. Sevde buna örnektir. Peygamber Efendimiz bir kısım evlilikleriyle de bazı kabilelere dostluk mesajları vermek istemiştir. Necid bölgesinin en büyük kabilelerinden Âmir b. Sa'saa'lı Hz. Zeyneb bint Hüzeyme ile Hz. Meymûne buna örnek sayılır. Hz. Cüveyriye ve Hz. Safiyye ile evliliği ise siyasî amaçlıydı. Bunlardan Cüveyriye ile evliliği, Benî Mustalik kabilesinin İslâm'a girmesine vesile olmuştur. Safiyye ile evlilikten maksat ise Yahudilerin dostluğunu kazanmaktı. Zeyd b. Hârise'den boşanan Zeyneb bint Cahş ile evliliği ise Câhiliye döneminde evlâtlıkları öz çocuk olarak gören anlayışa karşı İslâm hukukunda yeni bir ilkenin uygulanması şeklinde olmuştur.

Bütün bu gerçekler ortada iken çok evliliği sebebiyle Hz. Peygamber'i şehvete düşkünlükle itham etmek hakikate aykırı bir durum olup, yalan ve yanlış bir iddiadan ibarettir. Hz. Peygamber, ailelerini vahyin ışığında eğitirdi, İslâmî konularda sürekli bilgilendirir, onların din ve ibadet hayatlarıyla yakından ilgilenirdi. Aile fertlerinin görüşüne önem verirdi. Hanımlarına nazik ve güleryüzlü davranırdı; selâm verir, hal hatır sorar, elini tutup yüzüne sevgi ile bakardı. Aile fertlerinin yakınlarıyla da ilgilenir, bunlardan ziyaretine gelenlere iltifat eder, hediyeler verirdi. Nitekim ev halkından saydığı Hz. Enes'in annesi, teyzesi, dayısı ve büyük annesiyle ilgilenirdi.

Peygamber Efendimiz, eş ve cocuklarına zaman ayırır, gezintiye çıkar, sohbet ederdi. Geleneksel folklor gibi meşru eğlenceleri seyretmelerini teşvik ederdi. Bayramlara aile fertleriyle birlikte katılırdı. Spor amaçlı yürüyüşe çıkar, bazan Hz. Âişe örneğinde olduğu gibi koşu yarışı yapardı. Bir defasında Hz. Âişe ile yarışmışlar, Hz. Âişe geçmişti. Birkaç yıl sonra tekrar yarıştıklarında bu sefer yarışmayı Hz. Peygamber kazanmış ve Hz. Âişe'ye gülümseyerek "bu önceki yarışmanın rövanşıdır" demişti.

Hz. Âişe'nin anlattığına göre Peygamber Efendimiz ev işleriyle de yakından ilgilenirdi. Gerektiğinde kendi elbisesinin söküğünü diker, ayakkabılarını tamir eder, koyunları sağar, ev işlerinde hanımlarına yardımcı olurdu. Çarşıya pazara gittiğinde alışveriş yapar, yükünü de kendisi taşırdı. Hz. Peygamber, Arap toplumunda yaygın olarak görülen hanımlara şiddet uygulanmasına kesinlikle karşı çıkardı. Ashâbını da "Dövdüğünüz kadınla akşamleyin aynı yatağı utanmadan nasıl paylaşırsınız?" sözleriyle uyarırdı. Hanımlarına kötü davrananların iyi kimseler olmadığını söylerdi.

HZ. PEYGAMBER'İN ÇOCUKLARI

Peygamberimizin çocukları biri dışında Hz. Hatice'den doğmuştur. Tercih edilen görüşe göre bunlar Kâsım, Abdullah, Zeyneb, Rukıyye, Ümmü Gülsüm ve Fâtıma'dır. Oğlu İbrahim ise Mısırlı Mâriye'den dünyaya gelmiştir. Peygamberimiz, oğlu Kâsım sebebiyle "Ebü'l-Kâsım" unvanıyla anılmıştır. Kâsım, Abdullah ve İbrahim küçük yaşta vefat etmiştir.

Peygamberimizin kızı Zeyneb, peygamberlikten 10 yıl önce doğdu. Mekke'de teyzesi Hâle bint Huveylid'in oğlu Ebü'l-Âs b. Rebî ile evlendi. Bedir'de müşrikler tarafında savaşarak esir düşen kocası serbest bırakılırken Hz. Peygamber Zeyneb'in Medine'ye gönderilmesini şart koştu. Hicret yolculuğunda bir müşriğin saldırısına uğrayan Zeyneb, bineğinden düştü ve karnındaki çocuğunu kaybetti. Daha sonra Ebü'l-Âs, Müslüman olarak Medine'ye geldi, aile birliği yeniden kurulmuş oldu. Çok geçmeden

Hz. Zeyneb hicretin 8. yılında (630) vefat etti. Ebü'l-Âs ile Zeyneb'in Ali ve Ümâme adlarında iki çocukları dünyaya gelmiş, bunlardan Ali küçük yaşta ölmüştür.

Hz. Peygamber'in ikinci kızı Rukıyye, Zeyneb'ten üç yıl sonra dünyaya geldi. Yetişkin bir kız olduğunda Ebû Leheb'in oğlu Utbe ile, kızkardeşi Ümmü Gülsüm de diğer oğlu Uteybe ile nişanlanmıştı. Resûl-i Ekrem'in, peygamber oluşunun hemen ardından Ebû Leheb nişanı bozdurdu. Hz. Osman, Rukıyye ile evlenip Habeşistan'a hicret etti. Rukıyye, oradan Medine'ye döndüğünde hastalandı ve Bedir Savaşı günlerinde (hicretin 2. yılı 624'te) vefat etti. Hz. Osman ve Rukıyye'nin Abdullah adlı bir çocukları dünyaya gelmiş, ancak küçük yaşta ölmüştür. Daha sonra Hz. Osman, Ümmü Gülsüm'le evlendiyse de o da hicretin 9. yılında (631) Medine'de vefat etti.

Hz. Fâtıma, Peygamber Efendimizin Hz. Hatice'den dünyaya gelen çocukları arasında en küçüğü olup Peygamberliğin ilk yılında doğdu. Hicretin ikinci yılında (624) Hz. Ali ile evlendi. Bu evlilikten Hasan, Hüseyin, Muhassin, Ümmü Gülsüm ve Fâtıma adlarında beş çocuğu dünyaya geldi. Hz. Fâtıma, Peygamberimizin vefatından altı ay sonra vefat etti. Peygamber Efendimiz Fâtıma'yı çok sever, kendisi henüz altı yaşındayken kaybettiği annesinin hasretini onunla gidermeye çalışırdı. Bu sebeple Fâtıma "Ümmü ebîhâ" (babasının annesi) diye de anılmaktadır. Ayrıca "beyaz, parlak ve aydınlık yüzlü kadın" anlamında Zehrâ, "iffetli ve namuslu kadın" anlamında Betûl lakaplarıyla da bilinir.

Hz. Peygamber'in son çocuğu İbrahim'di. Mısırlı Mâriye'den dünyaya gelen İbrahim, yaklaşık iki yaşında iken vefat etti. Resûlullah'ın Hz. Fâtıma dışındaki bütün çocukları kendisinden önce vefat etmiştir.

Peygamber Efendimiz, çocuklarını ve torunlarını çok sever, onların her biriyle ilgilenirdi. Çocuk ve torunlarının dünyaya gelişinde sevincini belli eder, doğum müjdesi getirenlere bahşiş ve Allah'a şükür için yoksullara sadaka verir, akika kurbanı keserdi.

Peygamberimiz, Hz. Fâtıma'yı çok severdi. Hz. Peygamber, onun eğitimiyle özel olarak ilgilenmiş, o da babasının tüm edep ve nezaketini kapmıştı. Peygamberimiz, Fâtıma'yı görünce sevinir, onu ayakta karşılar, elini tutarak yanaklarından öper, ona iltifat ederek yanına oturturdu. Hz. Fâtıma da babası evine geldiğinde onu, sevgisine layık olacak bir içtenlikle karşılardı. Hz. Peygamber bir yolculuğa giderken aile fertlerinden en son onunla vedalaşır, yolculuktan dönünce de ilkönce onunla görüşürdü.

Peygamberimizin bildirdiğine göre "Fâtıma, cennet ehli hanımların öncülerindendi. Fâtıma onun yüreğinden bir parçaydı, Onu üzen Peygamberimizi üzmüş olurdu."[98]

Peygamber Efendimiz, torunları Hz. Hasan ve Hüseyin'i çok severdi; onlar için "dünyada kokladığım reyhanlarım, çiçeklerim" derdi, "cennet gençlerinin beyefendileri olduğunu" söylerdi ve "Allahım! Ben bunları seviyorum sen de sev bunları"[99] diye dua ederdi.

Peygamber Efendimiz, kızı Zeyneb'ten torunu olan Ümâme ile ve diğer bütün torunlarıyla ilgilenirdi. Deve taklidi yaparak onları sırtında taşır, namazda omuzuna tırmanmalarına müsaade ederdi. Aile fertleriyle birlikte iken torunlarından biri su istese müsaitse hemen kalkıp su verirdi. Sık sık verdiği hediyelerle onları sevindirirdi. Gezgin, birazda O'nun yakın dostlarından haber vermek istedi:

---

[98] Buhârî, "Fedâilü Ashâbi'n-Nebî", 12, 31.
[99] Buhârî, "Fedâilü Ashâbi'n-Nebî", 24.

HZ. EBÛ BEKİR

Kureyş'in Teymoğulları kabilesine mensup olan Hz. Ebû Bekir, gençliği döneminde şehrin saygın şahsiyetleri arasında yer almıştır. Allah Resûlü'nün tebliğ faaliyetlerine başlamasından hemen sonra da ilk Müslümanlar arasında şerefli yerini almıştır. Mekke döneminde sürekli olarak Hz. Peygamber'le birlikte bulunmuş, bir taraftan servetini dini uğrunda harcarken, diğer yönden de müşriklerin saldırılarına karşı Hz. Peygamber'i, canı ve malı ile korumuştur. Hicret esnasında da Resûl-i Ekrem'e yol arkadaşlığı yapmıştır.

Medine döneminde de sürekli Hz. Peygamber'le beraber görülen Hz. Ebû Bekir, Hz. Peygamber'in katıldığı askerî seferlerde aktif bir şekilde yer almış, Allah Resûlü'nün en önemli danışmanı olmasının yanı sıra hac emîrliği görevini yürütmüştür. Vefatına yakın bir zamanda Hz. Peygamber onu imamet görevine getirmiş, Resûlullâh'ın vefatından sonra da Müslümanlar onu halifelik makamına geçirmişlerdir.

Hz. Peygamber'in vefatından sonra Müslümanların yüz yüze geldikleri ilk problem halîfelik meselesiydi. Ensâr ileri gelenleri bu konuda ilk adımı atarak kendilerinden birini halîfe seçmeye karar vermişlerdi. Bu problem, Benî Sâide'ye ait toplantı yerinde Medineliler ile Kureyş ileri gelenlerinin yaptıkları görüşmeler sonucunda Hz. Ebû Bekir'in halîfe seçilmesiyle aşıldı.

Halifenin Kureyş'ten seçilmesinde o dönem şartlarında Kureyş'in diğer Arap kabileleri arasındaki konumunun etkisi büyüktür. Muhâcirler arasında da en uygun halife adayı olarak Hz. Ebû Bekir görülmüş ve Müslümanların ilk halifesi olarak kendisine biat edilmiştir.

Hz. Ebû Bekir'in karşı karşıya kaldığı en büyük tehlike ridde (dinden dönme) hareketleriydi. Bütün sosyal hadiseler ve isyanlar gibi bu hareketin de esas ve talî derecede birçok sebebi bulunuyordu. Her şeyden önce birçok Arap kabilesi Kureyş'in hâkimiyetini kolay hazmedememişti. Ayrıca bedevî hayat süren, kanun ve nizam tanımayan zümreler, İslâmiyet'in kendilerine yüklediği görevlerin bir kısmını da benimseyemediler. Dinî açıdan mal ile yapılan bir ibadet olan zekâtın, namaz gibi dinin bölünmez bir parçası olduğunu idrak edemediler. Çünkü Müslümanlıkları gönüllere iyice sinmiş, İslâm dinini yeterince özümsemiş ve içselleştirmiş değillerdi. Aksine, Müslümanlıkları sathi idi.

Onlar, suçun ferdiliği ilkesinin kabulü, kan davasının yasaklanması, kabilecilik anlayışına son verilmesi gibi değişikliklere inanarak onay vermiş değillerdi. Eski anlayış ve alışkanlıklarını da terk etmek istemedikleri için, Hz. Ebû Bekir'in idaresine isyanı, geçmişe dönüşün bir fırsatı olarak görmüşlerdir.

Ridde problemi aşılıp Arap Yarımadası'nda birliğin sağlanmasının ardından Hz. Ebû Bekir, daha önce Hz. Peygamber'in hedef gösterdiği, dinin dünyaya yayılması prensibi gereğince Arabistan dışına çıkarak kuzey-doğuda İran, kuzey-batıda ise Bizans'ın hâkimiyetindeki topraklar üzerine askerî seferler başlatmıştır. Bu adımlar daha sonra gerçekleştirilecek olan İran ve Bizans fetih harekâtının başlangıcını teşkil eder. Nitekim onun zamanında İslam orduları, gerek Irak cephesinde gerekse Suriye cephesinde ciddi başarılar kazanmış ve önemli fetihler gerçekleştirmişlerdir.

Hz. Ebû Bekir dönemi müslümanlar için, Allah'tan vahiy alan bir peygamber döneminden peygambersiz bir döneme geçişin gerçekleştiği bir zaman dilimi olarak önem taşımaktadır. Böyle bir süreçte o ridde (İslâm dininden dönme/irtidat) olaylarını bastırıp müslümanların birliğini korumuş, namaz ve zekâtı ayırmak isteyenlere karşı çıkıp dini muhafaza etmiş, fetihlerle İslâm'ın Arap yarımadası dışındaki bölgelere de yayılmasının zeminini oluşturmuştur. Hz. Ebû Bekir'in uygulamalarında Hz. Peygamber'in yönetim prensiplerinin belirgin yansımaları görülür. O, bütün faaliyetlerinde Allah Resûlü'nü kendisine örnek almış, onun tayin etmiş olduğu hiç bir komutanı azletmemiş, eski görevini bırakmak isteyene de daha üst vazifeler teklif etmiştir.

Hz. Ebû Bekir, idari anlayış ve uygulamalarında Hz. Peygamber'i titizlikle takip edip örnek almıştır. Kararlı, mütevazı, hoşgörülü, insan haklarına saygılı, istişâre ve adalete önem veren kişiliği ile onun kısa sürede yaptıkları, İslâm dünyasının geleceği adına çok önemli başarılar olarak İslâm tarihine geçmiştir.

HZ. ÖMER

Kureyş'in Adiy boyuna mensup olan Hz. Ömer'in nesebi, Ka'b b. Lüey'de Hz. Peygamberle birleşir. Babası, Hattâb b. Nüfeyl, annesi, Mahzum oğullarından Hanteme bint Hâşim'dir. Çocukluğunda çobanlık yapmış, sonra da ticaretle uğraşmıştır. Câhiliyye döneminde, Mekke şehir devletinde sifâre (elçilik) görevi Adiy ailesinin elinde olduğu için bazan elçilik görevini üstlenmiştir. Başlangıçta İslâm'ın azılı düşmanlarından iken peygamberliğin 6. yılında (m. 616) Hz. Peygamber'in bulunduğu Dâru'l-Erkam'a giderek müslüman oldu.

Hz. Ömer müslüman olduktan sonra hem Hz. Peygamber'in hem de Hz. Ebû Bekir'in yakın arkadaşı olmuştur. Onların birçok meselede Hz. Ömer'e danıştıkları ve görüşlerine değer verdikleri bilinmektedir. Gazve ve seriyyelere iştirak etmiş, Hz. Ebû Bekir'in halife olmasında önemli rol oynamıştır. Hz. Ebû Bekir döneminde Kurân'ın Mushaf haline getirilmesi onun girişimiyle olmuştur.

Hz. Peygamber ve Hz. Ebû Bekir'in yakınında olması ve neredeyse bütün icraatlarla ilgilenmesi Hz. Ömer'i kendi döneminde çok iyi bir yönetici yaptı diyebiliriz. Hilafette kaldığı on yıllık dönem İslam tarihinin en başarılı devirlerinden biridir. Sâsânî İmparatorluğu onun devrinde tarihe karıştı. Bizans Suriye, Filistin ve Mısır gibi büyük topraklarını müslümanlara bırakmak zorunda kaldı. Çünkü Hz. Ömer adaletiyle ün yapmıştı. Yüzyıllardır haksızlıklara maruz kalmış büyük halk kitleleri Müslümanların çağrısına kulak verdi ve eski yönetimleri tasfiye etti.

Hz. Ömer devrinde divan teşkilatı kuruldu. Hicrî takvim kabul edildi. Ele geçirilen gayri müslimlere ait topraklar sahiplerine bırakılarak harac vergisi konuldu. Yeni ordugâh şehirler kurularak buraya çeşitli kabileler yerleştirildi.

HZ. OSMAN

Hz. Osman, halim-selim, nazik ve mahçup bir tabiata sahipti. Çok merhametli ve son derece cömertti. Onun en meşhur vasfı engin bir hayâ duygusuna sahip olmasıydı. Cennetle müjdelenen on sahâbîden (aşere-i mübeşşereden) biri idi. Rûme kuyusunu kendi parasıyla satın alıp Müslümanlara vakfetmiş olduğu gibi zor günlerde hazırlanan Tebûk ordusunun donatılmasında en büyük pay ona ait olmuştur. İslâm'ın ilk yıllarından vefatına kadar maddî imkanlarını Allah yolunda harcamıştır. Hz. Osman takvâ sahibi bir insandı, gecelerini ibadetle, gündüzlerini oruçlu olarak geçirirdi. Akrabalarına düşkündü. Ev halkına karşı çok nazik davranırdı.

İlk Müslümanlardan olan Hz. Osman Hz. Peygamber döneminden itibaren ashab arasında önemli bir yere sahipti. Hz. Peygamber'in yanında yer almış, onun iki kızıyla evlenip dostluk kurmuştur. Hem Habeşistan'a hem Medine'ye hicret etmiş, toplumun ileri gelen zenginlerinden biri olarak malını Allah yolunda cömertçe harcamıştır. Hz. Peygamber'in vahiy katiplerinden biri olan Hz. Osman ahlâkı, ibadet hayatı, şahsiyeti ve İslâm'a hizmetleriyle aşere-i mübeşşere arasında yer almıştır. Hz. Ebû Bekir ve Hz. Ömer'in en yakın arkadaşlarından olup onların halifelik dönemlerinde önemli devlet hizmetlerinde bulunmuştur. Hz. Ömer'den sonra halifenin kim olacağı hususunda yapılan istişarelerde müslümanların çoğunun eğilimi ondan yana olmuştur.

On iki yıl süren Hz. Osman dönemi tarihçiler tarafından, "birinci altı yıl" ve "ikinci altı yıl" olmak üzere, farklı iki döneme ayrılır. Birinci altı yıl, ülkede huzur ve sükûnun hâkim olduğu, müslümanlar arasında birlik ve beraberliğin devam ettiği Sükûnet Dönemi (H. 24-30/M. 644-650) olarak tanımlanır. Fetihlerin sürdüğü bu dönem Hz. Ömer döneminin devamı mâhiyetindedir. Karışıklık dönemi (H. 30-35/M. 650-656) denilen ikinci altı yıl ise, Hz. Osman'ın şehit edilmesiyle sonuçlanan ve olumsuz etkilerini daha sonra da devam ettiren iç karışıklıkların yaşandığı bir dönem olarak tarihe geçmiştir.

Hz. Osman'ın halifeliğinin ikinci yarısında ortaya çıkan ekonomik kriz, aynı süreçte kabilecilik taassubunun yeniden ortaya çıkışı, Müslümanlar arasındaki kardeşlik ruhunun zayıflaması ve bunun gibi olumsuzluklar, İslâm toplumunu bir kaosa sürüklemiştir. Bütün bunlar fitne ateşini körüklemeye çalışanların işini kolaylaştırmış; halifeliğin Hz. Ali'nin hakkı olduğu iddiasıyla ortaya çıkıp, müslümanların samimi duygularını istismar eden Abdullah b. Sebe, cahil-cühela takımını peşine takmayı başarmıştır.

Kureyş yönetiminden kurtulmak isteyen bazı kabilelerin liderleri, fitne ateşini tutuşturmada ona ve arkadaşlarına yardımcı olmuşlardır. Abdullah b. Sebe gibi müslümanları birbirine düşürmek isteyen art niyetli şahıs veya şahıslar olmaksızın, bu isyanın gerçekleşmesi neredeyse imkânsız görünmektedir.

HZ. ALİ

Hz. Ali, Hz. Osman'ın asiler tarafından öldürülmesinin ardından, asilerin Medinelilere baskısı sonucu halife oldu. Normal koşullar içinde halife değişikliği olsaydı, akla ilk gelecek isimlerdendi. Hz. Ömer'in, vefatından hemen önce halife seçimi için belirlediği şura üyelerinden olması da bunu göstermektedir.

Hz. Ali halife olmadan önce İslâm toplumunda derin bir siyasî bölünme vardı. Hz. Osman'ın öldürülmesi, hem bu gerginliği su yüzüne çıkardı hem de bölünmeyi derinleştirdi. Bu şartlarda halife olan Hz. Ali, bütün çabasına rağmen siyasî birliği sağlayamadı.

Hz. Ali halife olduğunda kendisine biat etmeyi reddeden iki muhalif grup öne çıkmaktadır. Bunlardan biri Mekke'de toplanan ve Basra yakınlarında Hz. Ali ile savaşan gruptur. Mekke grubu, farklı hedeflere sahip insanlardan meydana geliyordu. Hareketin içinde özellikle Hz. Peygamber'in eşi Hz. Âişe'nin, Ashâb'tan Talha b. Ubeydullah ve Zübeyr b. Avvâm'ın isimleri öne çıkmaktadır. Bu grubun iddiası, Hz. Ali halife olduktan sonra Hz. Osman'ın katillerinin cezalandırılması yönünde açık adım atılmaması ve Hz. Ali'nin seçilme tarzından duydukları rahatsızlıktı. Grubun içinde Hz. Osman'ın öldürülmesinin akabinde onun çocuklarından ya da akrabalarından birisinin halife olmasını arzu eden, Ümeyyeoğulları mensupları ve taraftarları da vardı.

Mekke grubu, Hz. Ali ile Cemel savaşında karşı karşıya geldi. Meydana gelen savaşta muhalifler kesin yenilgiye uğratıldı. Talha ve Zübeyr hayatını kaybetti. Hz. Âişe, bu olaydan sonra aktif siyasetten uzak kalmaya dikkat etti.

Diğer muhalif grup, liderliğini Muâviye'nin yaptığı Suriye grubuydu. Muâviye, Hz. Osman'ın öldürülmesinden sonra Hz. Ali'ye biat etmeyi reddedip önce Hz. Osman'ın katillerinin cezalandırılmasını istedi. Aslında biat etmediği bir halifeyi bu hususta sorumlu tutması da ayrı bir çelişki olarak dikkat çekmektedir. Bununla birlikte Muâviye, Hz. Osman'ın kanını talep etme hususunda sesi en çok çıkan insanlardan oldu. Suriye'ye götürülen Hz. Osman'ın kanlı gömleği ile onu korumaya çalışırken parmakları kesilen eşi Nâile'nin kesik parmakları, Dımaşk Camii'nde sergilenerek insanlar tahrik edildi. Muâviye'nin taleplerinde haklı olduğunu düşünen epey insan vardı.

Hz. Ali, Muâviye'nin Hz. Osman'ın kanını talep etme iddiasını başından itibaren samimi bulmadı. Zira ona göre Osman'ın çocukları hayattayken bu iddiayı ileri sürmek Muâviye'ye düşmezdi. O, Muâviye'nin siyasî istikbal elde etme peşinde olduğunu, Hz. Osman'ın öldürülmesini ise talepleri için kılıf olarak kullandığını düşünüyordu.

Hz. Ali ile Muâviye arasında meydana gelen Sıffîn savaşı Muâviye'nin aleyhine sonuçlanacağı sırada Amr b. Âs'ın tavsiyesiyle Mushafların havaya kaldırılarak Ali tarafının barışa davet edilmesine karar verildi. Hz. Ali, kendilerine yapılan teklifi samimi bulmadıysa da askerlerinin çoğunluğunun görüşüne uyarak sorunun çözümünün iki hakeme havale edilmesine razı oldu.

Hz. Ali'nin hakemi Ebû Mûsâ el-Eş'arî ile Muâviye'nin hakemi Amr b. Âs bir araya gelerek meseleyi müzakere ettiler. Neticede Hz. Osman'ın mazlum olarak öldürüldüğü, Muâviye'nin onun kanını talep etme hakkına sahip olduğu, Ali ve Muâviye'nin iş başından uzaklaştırılarak yeni liderin belirlenmesinin ümmete bırakılmasına karar verildi.

Hz. Ali kararı tanımadıysa da ordusunu bir kez daha Muâviye'ye karşı harekete geçiremedi. Muâviye ise hakemlerin kararından sonra Suriye'de oluşturduğu bir heyet tarafından halife seçildi.

Hakem gönderilmesine karar verilmesi, Hz. Ali'nin ordusunda önemli bir kırılma noktası oldu. Hâricîler denilen grup, Hz.

Osman'ın öldürülmesiyle ilişkili olarak gelişmeye başlayan düşüncelere sahip insanlardan meydana gelmelerine rağmen müstakil bir fırka olarak ortaya çıkışları tahkimden sonradır. Tahkimin kabul edilmesi üzerine Hz. Ali'ye müracaat eden Hâricîler, Allah'ın hüküm vermesi gereken bir konuda insanları hakem tayin etmesinin büyük bir hata olduğunu, günahından dolayı tevbe etmesini, aksi takdirde kendisinden ayrılacaklarını söylediler. Hz. Ali, onları birlikte Kûfe'ye gitmeye ikna ettiyse de Hâricîler, Hz. Ali'nin hakemini göndermemesi hususundaki taleplerinden vazgeçmediler. Hakemler buluşunca da Kûfe'den ayrılarak başlarına bir imam seçtiler. Hz. Ali, önce Hâricîleri kendi hallerinde bırakmayı düşünüyordu. Ancak Abdullah b. Habbâb b. Eret'i öldürdüklerini duyunca katilleri teslim etmelerini istedi. Talebi yerine gelmeyince, onlara karşı harekete geçti. Nehrevân'da meydana gelen savaşta Hz. Ali, Hâricîleri yendiyse de Hâricî sorununu tamamen çözmesi mümkün olmadı. Aksine Hz. Ali'ye besledikleri düşmanlık, ona suikast düzenleyerek öldürmelerine sebep oldu.

Hz. Ali, Hz. Peygamber'den yaklaşık çeyrek asır sonra iktidara geldi. Kuşkusuz bu süreç içinde İslâm toplumunun yapısında önemli değişiklikler meydana gelmişti. İslâm devletinin siyasî hâkimiyet alanı genişledikçe Ashâb'ın etkisi azaldı. Bununla birlikte Hz. Peygamber'in getirdiği dinin temel umdeleri, belirleyiciliğini devam ettirdi. İlk üç halife döneminde Irak ve Suriye bölgesine yerleşimler sebebiyle İslam toplumunun yapısında önemli değişiklikler meydana geldi. Daha önce göçebe ya da yarı göçebe yaşayan birçok kabile şehirlerde yaşamaya başladı. Her ne kadar Araplar'ın kabile yapısı gözetilerek, şehirlerde kabileler ayrı mahallelere yerleştirilmişse de bir arada yaşamanın, kültürel ve sosyal açıdan etkileşimlere sebep olduğu muhakkaktır. Aynı şekilde kabileler arasında evlilikler artmıştır. Ancak buna rağmen kabile kimliği, Arap toplumunda her zaman önemli olmuştur. Kabile ilişkilerinin siyasî hayata ciddi etkileri de devam etmiştir.

Siyasî açıdan Hz. Ali döneminin karışık bir dönem olduğu söylenmelidir. Bu dönem, siyasî bölünmenin iç çatışmaya dönüştüğü bir dönemdir. Ortak değerler için omuz omuza mücadele etmiş insanların bu dönemde birbirlerine kılıç çektiklerini görmek hayret vericidir. Tarafsızların ağırlığının çatışmayı engelleyemediğini, sadece çatışmanın tarafı olmaktan kaçındıklarını görüyoruz.

Hz. Ebû Bekir döneminde başlayan fetih hareketlerinin özellikle Hz. Ömer döneminde artmasıyla birlikte devlet gelirlerinde önemli artışlar olmuştu. Hz. Ömer, bu gelirleri Müslümanların İslâm'a hizmet derecelerine göre dağıttı. Vefatından önce bu sistemi değiştirerek maaşları herkese eşit dağıtmayı düşündüyse de bunu gerçekleştiremedi. Uygulama Hz. Osman döneminde de devam etti. Bu uygulamanın özellikle bazı Sahabîlerin büyük servet sahibi olmalarına imkân sağladığı görülmektedir. Hz. Ali, iktidara geldikten sonra ilk iş olarak maaş dağıtımındaki bu sistemi değiştirdi.

Öte yandan Hz. Ali döneminde yaşanan iç savaş, beytülmal kaynaklarının ve kişisel gelirlerin önemli bir kısmının savaş masraflarına aktarılmasına sebep olmuştur. Savaş ortamının ticaret hayatına büyük zararlar verdiği de bir gerçektir.

HZ. HASAN

Hz. Hasan, babasının vefatı üzerine Kûfe'de halife seçildi. Aslında önemli bir siyasî geçmişi olmamakla birlikte mevcut tabloda seçilmesi en makul olan kişiydi. Zira hem Muâviye ile mücadele edebilecek bir Kureyşliye, hem de Hz. Ali'nin koltuğunu doldurabilecek birisine ihtiyaç vardı.

Hz. Hasan, Kûfe'de başka bir alternatif üzerinde durulmadan, tek aday olarak halife seçildi. Ancak Muâviye ile mücadele edebilecek birikime ve siyasî desteğe sahip değildi. Nitekim Muâviye, Hz. Ali'nin vefat ettiğini ve Hz. Hasan'ın halife olduğunu öğrenince hemen harekete geçti. Hz. Hasan, adamlarının babasına yaptıklarından farklı davranmayacaklarını anlayınca barış yapmanın daha isabetli olacağı kanaatine ulaştı. Hem o güne kadar yaşananlar sebebiyle suçlu avına çıkılmasını engellemek, hem de altına girdiği bazı maddî yükümlülükleri karşılamak üzere bazı taleplerde bulundu.

Muâviye, Hz. Hasan'ın bütün taleplerini karşıladı. Bunun üzerine Hz. Hasan, kardeşleri ve adamlarıyla birlikte Kûfe'de Muâviye'ye biat etti. Ardından Kûfe'den ayrılarak Medine'ye yerleşti; böylece tamamen siyasetin dışında kalmayı tercih etti deyip gezgin, Hz. Peygamber'in mübarek ailesi ve ashâbı (arkadaşları) hakkında şahit olduklarını öz olarak anlatıp, kıymetlerini ve sözlerindeki samimiyeti ve haberlerinin (davalarının) doğruluğunu tasdik ettikten sonra gezgin misafir, şimdi yüce Yaratıcı'mızı O'ndan (Hazreti Peygamber'den) sormalıyız." diyerek araştırmaya devam etti.

Sekizincisi: Bu kâinat, nasıl ki kendini icad ve idare ve tertip eden ve tasvir ve takdir ve tedbir (düzenleme) ile bir saray gibi, bir kitap gibi, bir sergi gibi, bir gezinti yeri gibi tasarruf eden Sanatkarı'na ve Kâtibi'ne ve Süsleyicisi'ne işaret eder. Öyle de kâinatın yaratılışındaki ilâhi maksatları bilecek ve bildirecek.. ve değişimindeki ilâhi hikmetlerini talim edecek.. ve vazifeli bir şekilde hareketlerindeki neticeleri ders verecek.. ve özündeki kıymetini ve içindeki mevcudatın (var olan tüm varlıkların) güzelliklerini ilân edecek.. ve o büyük kainat kitabının mânâlarını ifade edecek bir yüksek dellâl, bir doğru keşfedici, bir araştırıcı üstad (rehber), bir sâdık muallim istediği ve gerektirdiği ve herhalde bulunmasına işaret ettiği yönüyle; elbette bu vazifeleri herkesten ziyade yapan bu Zât'ın (Hz. Muhammed'in) haklılığına ve bu kâinat Yaratıcısı'nın en yüksek ve sâdık bir memuru olduğuna tanıklık ettiğini bildi.

Dokuzuncusu: Madem bu sanatlı ve hikmetli masnuatıyla (yaratıklarıyla) kendi hünerlerini ve sanatkârlığının mükemmelliğini teşhir etmek.. ve bu süslü ziynetli nihayetsiz mahlûkatıyla kendini tanıttırmak ve sevdirmek.. ve bu lezzetli ve kıymetli hesapsız nimetleriyle kendine teşekkür ve hamd ettirmek.. ve bu şefkatli ve himayeci umumî terbiye ve besleme ile, hattâ ağızların en ince zevklerini ve iştahların her nev'ini tatmin edecek bir surette açıkça gösterilen Rabbânî (ilâhi) ikramlar ve ziyafetlerle kendi besleyip eğitmesine karşı minnet ettirircesine ve teşekkür ettirircesine ve taptırırcasına ibadet ettirmek.. ve mevsimlerin tebdili ve gece-gündüzün dönüşümü ve ihtilâfı gibi büyük ve haşmetli (görkemli) tasarruflar ve eylem ve dehşetli ve hikmetli faaliyet ve yaratıcılıkla (yoktan var etmekle) kendi ulûhiyetini (yüceliğini) göstererek, o ulûhiyetine karşı iman ve kabul ve inkıyad ve itaat ettirmek.. ve her vakit iyiliği ve iyileri himaye, fenalığı ve fenaları izale ve semâvî tokatlarla zalimleri ve yalancıları imha (yok) etmek cihetiyle (yönüyle), hakkaniyet ve adaletini göstermek isteyen perde arkasında birisi var...

Elbette ve herhalde, o gaybî Zât'ın yanında en sevgili yaratığı ve en doğru abdi (kulu) ve O'nun (Yaratıcı'nın) zikredilen maksatlarına tam hizmet ederek, kainat ve yaratılışın tılsımını (şifrelerini) ve özdeki derin sırları hal ve keşfeden ve daima o Yaratıcı'nın namına hareket eden ve O'ndan medet dilenen ve başarı isteyen ve O'nun tarafından imdada ve ilâhi yardıma mazhar olan ve Muhammed-i Kureyşî denilen bu Zât (a.s.m) olacak.

Hem aklına dedi: "Madem bu zikredilen dokuz hakikatler (mertebeler) bu Zât'ın (Hz. Muhammed'in) doğruluğuna tanık ederler; elbette bu âdem (bu insan), insanoğlunun şeref kaynağı ve bu âlemin övünç vesilesidir ve O'na "Fahr-i Âlem (âlemin iftihar kaynağı)" ve "Şeref-i benîâdem (insanlığın iftiharı..)" denilmesi pek lâyıktır. Ve O'nun elinde bulunan Rahman'ın buyruğu olan Kurân-ı Mucizü'l-Beyan'ın[100] mânevi hakimiyetinin ihtişamı yeryüzünün yarısını kaplaması ve şahsî fazîletleri ve yüksek yaratılışı gösteriyor ki; bu âlemde en mühim Zât budur, Yaratıcı'mız hakkında en mühim söz O'nundur (Hz. Muhammed'indir).

İşte gel, bak! Bu harika Zât'ın yüzer açık ve âşikâr kesin mucizelerinin kuvvetine ve dinindeki binler yüce ve kökü vahye dayalı hakikatlerine dayanarak; bütün dâvâlarının (savlarının) temeli ve bütün hayatının gayesi, varlığı kendinden ve kesin olan Hz. Allah'ın varlığına ve birliğine ve sıfâtına ve esmâsına işaret ve tanık.. ve o varlığı kendinden ve kesin olan Yaratıcı'yı ispat ve ilân ve bildirmektir.

Demek bu kâinatın mânevî güneşi ve Yaratıcı'mızın en parlak bir delili, bu Habibullah (Allah'ın sevgilisi ve en kıymetlisi) denilen Zât'tır ki, O'nun (Hz. Peygamber'in) tanıklığını doğrulayıp tasdik edip imzalayan aldanmaz ve aldatmaz üç büyük kolektif bilinç (ortak irade) kaynağı var.

Birincisi: "Eğer gayb perdesi açılsa yakînim (imanım/inancım) ziyadeleşmeyecek." diyen İmam-ı Ali (r.a)[101] ve yerde iken Arş-ı Âzamı[102] ve İsrafil'in muhteşem duruşunu temâşâ eden Gavs-ı Âzam[103] gibi keskin nazar ve gaybı gören manevi gözlere sahip binler kutup veliler ve bu zirve velilerden müteşekkil topluluk ve Hz. Peygamber Efendimiz'in mübarek soyu nâmıyla herkesçe bilinen bu pırıl pırıl topluluğun ittifakı ile tasdikleridir.

İkincisi: Bedevî bir kavim ve eğitim seviyesi çok düşük bir muhitte sosyal hayattan ve siyasi cereyanlardan uzak.. ve kitap-

---

[100] Beyan ve ifadesi ile insanları, benzerini yapmaktan âciz bırakan Kuran-ı Kerim.
[101] Radyallahu anh'nın kısaltılmış yazılış biçimi (r.a)'dır. Allah ondan razı olsun anlamına gelmektedir.
[102] Yüce arş, Yaratıcı'nın hakimiyetinin tecelli (yansıma) yeri/makamı.
[103] "En büyük veli (Allah dostu)" anlamında Hz. Abdulkadir Geylâni'nin lâkâbı.

sız ve fetret[104] asrının karanlıklarında bulunan.. ve pek az bir zamanda en medenî ve bilgili ve sosyal ve siyasi hayatta en ileri seviyedeki milletlere ve hükümetlere üstad ve rehber ve diplomat ve adaletli yargıç (hâkim) olarak doğudan batıya kadar bütün dünyanın takdir edeceği bir tarzda idare eden.. ve "sahâbe" (Hz. Peygamber'in arkadaşları) ünvanıyla dünyada ünlenmiş olan meşhur topluluğun ittifakla can ve mallarını, peder ve aşiretlerini feda ettiren ve kuvvetli imanla tasdikleridir.

Üçüncüsü: Her asırda binlerce fertleri bulunan ve her ilimde uzmanlaşıp ileri giden ve muhtelif mesleklerde çalışan, ümmetinde yetişen hadsiz araştırmacı ve çok bilgili bilginlerinin büyük cemaat ve topluluğunun, ilâhi rastlantıyla ve okuyup öğrenme derecesinde tasdikleridir.

Demek bu Zât'ın Yaratıcı'nın birliğine tanıklığı şahsî ve az değil; belki, genel ve bütüncül ve sarsılmaz ve bütün şeytanlar toplansa karşısına hiç bir yönüyle çıkamaz bir tanıklıktır, diye hükmetti.

Sonra bu dünyada hayatın gayesi ve hayatın hayatı iman olduğunu bilen bu yorulmaz ve mânen tok olmaz yolcu (gezgin), kendi kalbine dedi ki: *"Aradığımız Zât'ın sözü ve kelâmı denilen, bu dünyada en meşhur ve en parlak ve en hâkim ve ona teslim olmayan herkese, her asırda meydan okuyan Kuran-ı Mucizü'l-Beyan namındaki kitaba müracaat edip o ne diyor, bilelim."* Fakat en evvel bu kitabın bizim Yaratıcı'mızın kitabı olduğunu ispat etmek lâzımdır, diye araştırmaya başladı.

---

[104] Fetret: İki peygamber devri arasında kalan, vahyin kesildiği dönem, zaman dilimi.

Kuran'ın Mânevi Mucisesi

Bu seyyah gezgin, bu zamanda bulunduğu münasebetiyle en evvel Kuran'ın mânevî mucizesinin lemaları (parıltıları) olan Risale-i Nur'a baktı ve onun yüz otuz risaleleri, doğruyu, yanlışı birbirinden tamamen ayıran yüce Kuran'ın ayetlerinin nükteleri (derin anlamları) ve ışıkları ve köklü tefsirleri olduğunu gördü. Ve Risale-i Nurlar, bu kadar inatçı ve inançsız bir asırda her tarafa Kurân gerçeklerini Allah'ın dinini yüceltmek için, gayret ve çaba sarf edip neşrettiği halde, karşısına kimse çıkamadığından ispat eder ki; onun üstadı ve kaynağı ve mercii ve güneşi olan Kurân, semâvîdir (Allah tarafından gönderilmiştir), beşer kelâmı değildir. Hattâ Resâilü'n-Nur'un[105] yüzer delillerinden birtek Kuran'a ait delili olan Yirmi Beşinci Söz ile On Dokuzuncu Mektub'un âhiri, Kurân'ın kırk yönüyle mucize olduğunu öyle ispat etmiş ki; kim görmüşse değil tenkit ve itiraz etmek, belki ispatlarına hayran olmuş, takdir ederek çok senâ etmiş.

Kurân'ın mucize yönünü ve hak kelâmullah (Allah'ın beyanı) olduğunu ispat etmek tarafını Risaletü'n-Nur'a havale ederek, yalnız bir kısa işaretle, büyüklüğünü gösteren birkaç noktaya dikkat etti:

---

[105] Bediüzzaman'ın Kuran tefsiri anlamında "Nur Risalleri" demektir.

Birinci Nokta: Nasıl ki Kurân, bütün mucizeleriyle ve doğruluğuna delil olan bütün gerçekleriyle Muhammed Aleyhissalâtü Vesselâm'ın bir mucizesidir; öyle de Muhammed Aleyhissalâtü Vesselâm da bütün mucizeleriyle ve peygamberliğe ait delilleriyle ve ilmi faziletiyle Kurân'ın bir mucizesidir ve Kurân'ın Allah'ın sözü olduğuna kesin bir delilidir.

İkinci Nokta: Kurân, bu dünyada öyle nurlu ve saadetli ve anlamlı bir surette sosyal hayatı yönlendirmekle beraber; insanların hem nefislerinde, hem kalblerinde, hem ruhlarında, hem akıllarında, hem şahsi hayatlarında, hem toplumsal hayatlarında, hem siyasi hayatlarında öyle bir devrim yapmış ve devam ettirmiş ve idare etmiş ki; on dört asır müddetinde, her dakikada altı bin küsür âyetleri, son derece bir saygı ve hürmetle hiç olmazsa yüz milyondan ziyade insanların dilleriyle okunuyor.. ve insanları terbiye ve nefislerini temizleyip kalblerini saflaştırarak; ruhlara genişlik ve yükseliş ve akıllara istikamet ve nur.. ve hayata, hayat ve saadet veriyor. Elbette böyle bir kitabın misli yoktur, harikadır, fevkalâdedir ve mucizedir.

Üçüncü Nokta: Kurân, o asırdan tâ şimdiye kadar öyle bir belâgat (ifade sanatı) göstermiş ki:

Kâbe'nin duvarında altınla yazılan en meşhur ediplerin "Muallâkat-ı Seb'a"[106] nâmıyla ünlü kasidelerini o dereceye indirdi ki; Lebid'in kızı, babasının kasidesini Kâbe'den indirirken demiş: "Âyetlere karşı bunun kıymeti kalmadı."

Hem bedevî bir edip *"Artık sana emrolunanı, başları çatlarcasına anlat onlara!"*[107] âyeti okunurken işittiği vakit secdeye kapanmış. Ona demişler: "Sen Müslüman mı oldun?" O demiş: "Hayır, ben bu âyetin belâgatine (yerinde, kusursuz ve düzgün ifade sanatına..) secde ettim."

---

[106] Câhiliye döneminde çok beğenilerek Kâbe'nin duvarına asılan yedi meşhur kaside.
[107] Hicr Suresi, 15/94.

Hem belâgat (edebiyat/retorik) ilminin uzmanlarından Abdülkahir-i Cürcanî ve Sekkâkî ve Zemahşerî gibi binlerce usta imamlar ve ilim sahibi edipler, oy birliğiyle karar vermişler ki, "Kurân'ın belâgatı, insan gücünün üstündedir, yetişilmez."

Hem o zamandan beri sürekli müsabaka alanına davet edip, mağrur ve enaniyetli ediplerin ve belîğlerin (edebiyatçıların) damarlarına dokundurup, gururlarını kıracak bir tarzda der: "Ya birtek sûrenin mislini getiriniz veyahut dünyada ve âhirette mahvolmayı ve zilleti kabul ediniz!"[108] diye ilân ettiği halde; o asrın inatçı belîğleri (edipleri), birtek sûrenin mislini getirmekle kısa bir yol olan mücadeleyi bırakıp, uzun olan can ve mallarını tehlikeye atan savaş yolunu tercih etmeleri ispat eder ki, o kısa yolda gitmek mümkün değildir.

Hem Kurân'ın dostları, Kurân'a benzemek ve taklit etmek arzusuyla ve düşmanları dahi Kurân'a mukabele (karşılık vermek) ve tenkit etmek sevkiyle o vakitten beri yazdıkları ve yazılan ve fikirlerin birbirine eklenmesi ile yükselen milyonlarla Arapça kitaplar ortada geziyor. Hiçbirisinin ona yetişemediğini, hattâ en sıradan adam dahi dinlese elbette diyecek: "Bu Kurân, bunlara benzemez ve onların mertebesinde değil..! Ya onların altında veya umumunun fevkinde (üstünde) olacak!" Umumunun altında olduğunu dünyada hiçbir fert, hiçbir inançsız, hattâ hiçbir ahmak diyemez. Demek edebi seviyesi genelin üstündedir.

Hattâ bir adam, *"Göklerde ne var, yerde ne varsa Allah'ı tenzih ve tesbih eder!"*[109] âyetini okudu, dedi ki: "Bu âyetin harika kabul edilen belâgatını göremiyorum." Ona denildi: "Sen dahi bu seyyah (gezgin) gibi o zamana git, orada dinle." O da kendini Kurân'dan evvel orada tahayyül ederken gördü ki; evrendeki bütün varlıklar perişan, karanlık, cansız ve bilinçsiz ve vazifesiz ola-

---

[108] Bu ifade Kuran'da, Bakara Suresi, 2/23-24; Yunus Suresi, 10/38-39'da desteklenmektedir.
[109] Hadid Suresi, 57/1.

rak; tenha, sayısız, sınırsız bir uzayda; kararsız, fâni bir dünyada bulunuyorlar. Birden Kurân'ın lisanından bu âyeti dinlerken gördü:

Bu âyet, evren üstünde ve dünyanın yüzünde öyle bir perde açtı ve ışıklandırdı ki; bu ezelî nutuk (zaman üstü hitap) ve bu ebedi ferman (buyruk), asırlar sıralarında dizilen bilinç (akıl) sahiplerine ders verip gösteriyor ki; bu kâinat, bir büyük cami hükmünde başta gökler ve yeryüzü olarak tüm yaratıkları canlı bir şekilde zikir ve tesbihte ve vazife başında coşturmakla mutlu ve sevinçli bir vaziyette bulunduruyor, diye gözlemledi ve bu âyetin edebi seviyesini zevk ederek, sair âyetleri buna kıyasla, Kurân'ın edebi nağmesi yeryüzünün yarısını ve insanlığın beşte birini kuşatarak ilâhi beyana ait saltanatın (görkemin) ihtişamı ve göz kamaştırıcılığının büyük bir saygı ve hürmetle on dört asır aralıksız devam ettiğinin binlerce hikmetlerinden (faydalarından) bir hikmetini anladı.

Dördüncü Nokta: Kurân, öyle doğru ve yerinde bir halâvet (sevimlilik) göstermiş ki en tatlı bir şeyden dahi usandıran çok tekrar, Kurân'ı tilâvet edenler (okuyanlar) için değil usandırmak, belki kalbi çürümemiş ve zevki bozulmamış adamlara tekrar tekrar okuma zevkini ziyadeleştirdiği eski zamandan beri herkesçe bilinip atasözü hükmüne geçmiş.

Hem öyle bir tazelik ve gençlik ve orjinallik göstermiş ki on dört asır yaşadığı ve herkesin evine kolayca girdiği halde, şimdi vahyolunmuş gibi tazeliğini muhafaza ediyor. Her asır Kuran'ı, kendine hitap ediyor gibi bir gençlikte görmüş. Her ilim adamı ondan her vakit istifade etmek için çokça ve sürekli yanlarında bulundurdukları ve ifade tarzına uyarak bağlandıkları halde o, üslûbundaki ve ifade tarzındaki orjinalliğini aynen muhafaza ediyor.

Beşincisi: Kurân'ın bir kanatı geçmişte, bir kanatı gelecekte, kökü ve bir kanatı eski peygamberlerin üzerinde oy birliğiyle anlaştıkları hakikatleri (gerçekleri) olduğu ve bu, onları (peygamberleri) tasdik ve teyid ettiği ve onlar (peygamberler) dahi tevafukun (ilâhî rastlantının) hâl diliyle bunu tasdik ettikleri gibi; öyle de evliya (Allah dostları) ve asfiya[110] gibi ondan (Kuran'dan) hayat alan meyveleri ve canlı gelişimleri ve bereketli gür ağaçlar misâli hayat sahibi, feyizli bir gerçeğin vesilesi olduğuna işaret eden ve ikinci kanatının (istikbalin/geleceğin) himayesi altında yetişen ve yaşayan velâyetin (Allah'a yakınlığın) bütün hak tarikatleri ve İslâmiyet'in bütün vahiy destekli ilimleri, Kurân'ın tamamen doğru ve doğruların bütünü ve kapsamlılık yönünden misilsiz bir harika olduğuna tanıklık eder.

Altıncısı: Kurân'ın altı yönü nurludur (aydınlıktır), doğruluk ve hakkaniyetini gösterir, evet;

- altında delil ve kanıt direkleri,
- üstünde insanları benzerini yapmaktan âciz bıraktığını gösteren mucizeli mühür parıltıları,
- önünde ve hedefinde dünya ve ahiret mutluluğunun hediyeleri,
- arkasında dayanak noktası gökler ötesi âlemlerden gelen ilâhî mesajı,
- sağında sayısız doğru ve dürüst akılların delillerle tasdikleri,
- solunda selim kalblerin ve temiz vicdanların ciddî iç huzurları ve samimî bağlanmaları ve teslimleri, Kurân'ın fevkalâde, hârika, sağlam ve hücum edilmez, yeri ve göğü kuşatan muhteşem, bir kale olduğunu ispat ettikleri gibi altı dereceden dahi onun doğrunun ta kendisi ve güvenilir olduğuna ve insan sözü olmadığına, hem yanlış olmadığına imza eden; başta, bu kâinatta daima güzelliği gösteren, iyiliği ve doğruluğu himaye ve sahtekârları ve iftiracıları yok edip cezalandırma alışkanlığını hareketleri-

---

[110] Asfiya, ilim ve takvalarıyla peygamberlerin gerçek vârisi (mirascısı) olan seçkin veliler.

ne bir prensip kabul eden bu kâinatın Tasarrufcu'su, o Kurân'a, âlemde en makbul, en yüksek, etki alanına çektiği kimselere en yakışır bir tarzda bir saygı konumu ve bir üstünlük derecesi vermesiyle onu tasdik ve imza ettiği gibi, İslâmiyet'in kaynağı ve Kurân'ın tercümanı olan Zât'ın (Hz. Muhammed'in) herkesten ziyade ona inancı ve saygısı.. ve inişi zamanında uyku hâlinde bulunması[111] gibi.. ve diğer sözlerin ona yetişememesi ve bir derece benzememesi.. ve okuma yazma bilmemesiyle beraber evrendeki geçmiş ve gelecek olayları hakiki, gaybi olarak, Kurân ile tereddütsüz ve gönül huzuruyla beyan etmesi.. ve çok dikkatli gözlerin nazarı altında hiçbir hile, hiçbir yanlış vaziyeti görülmeyen o Tercüman'ın (Hz. Muhammed'in) bütün kuvvetiyle Kurân'ın her bir hükmüne iman edip tasdik etmesi.. ve hiçbir şeyin O'nu sarsmaması; Kurân gökler ötesinden gelmiş, vahiy destekli hakikatleri ve kendi merhametli Yaratıcı'sının mübarek sözü olduğunu imza ediyor.

Hem insanlığın beşte biri, belki büyük bir kısmı, göz önündeki o Kurân'ın cezbesine ve dindarca irtibatına ve hakseverce ve büyük bir özlemle kulak vermesi.. ve çok izlerin ve olayların ve sırlı keşiflerin tanıklıklarıyla cin[112] ve melek ve ruhanîlerin[113] dahi, tilâveti (okunması) vaktinde pervane gibi hakperestçe (hakka taparcasına) etrafında toplanması, Kurân'ın kâinatça makbuliyetine ve en yüksek bir makamda bulunduğuna bir imzadır.

Hem insanlığın umum tabakaları, en akılsız ve sıradan tut, tâ en zeki ve âlime/bilgine kadar her birisi, Kurân'ın dersinden tam hisse almaları ve en derin hakikatleri anlamaları.. ve yüzlerle fen ve İslâmi ilimlerin ve bilhassa pek yüce İslâm Huku-

---

[111] Meselâ Peygamber Efendimiz'e (s.a.v) Kevser Sûresi'nin uykuda vahyedildiğine dair Müslim, Salât 53; Tirmizî, Tefsîru'l-Kur'an (97) 1; Nesâî, İftitâh 21.. gibi hadisler vardır.
[112] Cin Suresi, 72/1-2; Ahkaf Suresi, 46/29; Hâkim, Müstedrek 2/495.
[113] Buhâri, Menâkıb 25; Müslim, Salâtü'l-müsâfirin 240, Zikir 38; Tirmizi, Kıraât 10.

ku'nun büyük müçtehitleri[114] ve usulüddin ve ilm-i kelâmın[115] uzman araştırmanları gibi her kesim, kendi ilimlerine ait bütün ihtiyaçlarını ve cevaplarını Kurân'dan çıkarmaları, Kurân'ın hakikat kaynağı ve vahiy eksenli gerçeklerin cevheri olduğuna bir imzadır.

Hem edebiyatça en ileri bulunan o dönemin, İslâmiyet'i kabul etmemiş, Arap edipleri, şimdiye kadar karşı koyup Kuran'ı çürütmeye pek çok muhtaç oldukları halde, Kurân'ın üslubundaki mucizeliğinde yedi büyük yanı varken, belâğatta yalnız birtek yönü olan kusursuz ifadesinin, tek bir sûrenin mislini/benzerini getirmekten kaçınmaları.. ve şimdiye kadar gelen ve karşı koymakla şöhret kazanmak isteyen meşhur söz üstadlarının (edebiyatçıların) ve sahasında uzman âlimlerin onun hiçbir mucize üslubunun özelliğine karşı çıkamamaları ve âcizâne sükût etmeleri, Kurân'ın mucize ve insan gücünün fevkinde olduğuna bir imzadır.

Evet, bir kelâm, "Kimden gelmiş ve kime gelmiş ve ne için gelmiş?" denilmesiyle kıymeti ve ulviyeti ve edebi yönünün ortaya çıkması noktasından Kurân'ın misli olamaz ve ona yetişilemez. Çünkü Kurân, bütün âlemlerin Rabbi ve Yaratıcı'nın hitabı ve konuşması.. ve hiçbir yönüyle taklidi ve yapmacıklığı (sun'iliği/yapaylığı) belli edecek bir iz bulunmayan bir konuşmasıdır.. ve bütün insanların belki bütün yaratıkların namına gönderilmiş ve insanlığın en meşhur ve en ünlü muhatabı bulunan ve o muhatabın kuvvet ve imanındaki genişliği koca İslâmiyet'e kaynaklık edip sahibini Kâb-ı Kavseyn[116] makamına çıkararak Yaratıcı'ya muhatap olma yakınlığıyla tekrar halkın arasına inen.. ve dünya ve ahiret mutluluğuna dair ve evrenin yaratılış sırlarının neticele-

---

[114] Müçtehit, dinin temel kaynaklarından hüküm çıkarma bilgi ve kabiliyetine sahip olan kimse.
[115] Usulüddin, ilm-i kelâm ve akâkid İlmi, İslâm'ın inanca ait meselelerini inceleyen ilim dalları.
[116] Kâb-ı Kavseyn, yayın iki ucu arasındaki mesafe, demektir. Peygamber Efendimiz'in (s.a.v) Miraç'ta Yaratıcı'ya yaklaştığı, mahiyeti bizce meçhul makam. İmkân ve Vücûb arası...

rine ve ondaki ilâhî maksatlara ait meseleleri ve o muhatabın bütün İslâmiyet'e ait gerçekleri taşıyan en yüksek ve en geniş olan imanını beyan ve izah eden.. ve koca kâinatın bir harita, bir saat, bir hâne gibi her tarafını gösterip, çevirip, onları yapan Sanatkâr'ı, tavrıyla (tarzıyla) ifade ve tâlim eden Kuran'ın elbette benzerini getirmek mümkün değildir ve mucizelik derecesine yetişilmez.

Hem Kurân'ı tefsir eden ve bir kısmı otuz-kırk, hattâ yetmiş cilt olarak birer tefsir yazan yüksek zekâlı, araştırmacı binlerce ilim ve fen sahibi uzman ulemanın (İslâm bilginlerinin) senetleri ve delilleriyle beyan ettikleri Kurân'daki sayısız meziyetleri ve derin anlamları ve özellikleri ve sırları ve yüksek mânaları ve gayba (bilinmeyen boyuta) ait işlerin her türünden çokça gaybî haberleri ortaya çıkartma ve ispat etmeleri.. ve bilhassa Risale-i Nur'un yüz otuz kitabının her biri, Kurân'ın bir meziyetini (üstün özelliğini), bir derin anlamını kesin delillerle ispat etmesi ve bilhassa şimendifer (tren) ve tayyare (uçak) gibi medeniyetin harikalarından çok şeyleri Kurân'dan istihraç eden (bilgi ve işaretler türünden Kuran'dan geleceğe dair haberler çıkaran) Yirminci Söz'ün İkinci Makamı.. ve Risale-i Nur'a ve elektriğe işaret eden âyetlerin göstergelerini bildiren İşârât-ı Kuraniye isimli Birinci Şuâ.. ve Kurân harflerinin ne kadar muntazam, sırlı ve mânâlı olduğunu gösteren.. ve Fetih suresinin son âyeti beş yönüyle gaybî haber içeren ve mucizeliğini ispat eden küçük bir risale gibi Risale-i Nur'un her bir parçası, Kurân'ın bir hakikatini, bir nurunu izhar edip ortaya çıkarması, Kurân'ın misli olmadığına ve mucize ve harika olduğuna ve bu dünyada gayb âleminin lisanı ve bütün bilinmezleri en iyi bilen Hz. Allah'ın kelâmı bulunduğuna bir imzadır.

İşte altı noktada ve altı yönde ve altı makamda işaret edilip zikredilen Kurân'ın üstün özellikleri ve hususiyetleri içindir ki; ihtişamı (görkemi) yanında pırıl pırıl kusursuz hâkimiyeti ve büyük kutlu saltanatı, asırların yüzlerini ışıklandırarak yeryüzünü dahi bin üç yüz sene aydınlatarak büyük bir saygı ve hürmetle devam etmesi.. hem o özellikleri içindir ki Kurân'ın herbir harfi, hiç olmazsa on sevabı ve on hasenesi olması ve on bitmeyen, tükenmeyen meyve vermesi..[117] hattâ bir kısım âyetlerin ve sûrelerin herbir harfi, yüz ve bin ve daha ziyade meyve vermesi.. ve mübarek (kutlu) vakitlerde her harfin nuru ve sevabı ve kıymeti ondan yüzlere çıkması[118] gibi kudsî ayrıcalıkları kazanmış, diye dünya seyyahı anladı ve kalbine dedi:

"İşte böyle her yönüyle mucizeli bu Kurân, sûrelerinin tümüyle ve ayetlerinin ittifakıyla ve sırlar ve nurların ve neticelerinin ve izlerinin uygunluğuyla birtek Yaratıcı'nın kesin varlığına ve birliğine ve sıfât ve esmâsına (isimlerine) delillerle ispat suretinde öyle tanıklık etmiş ki; bütün inananların sayısız tanıklıkları, onun tanıklığından ve şahitliğinden kaynaklanmıştır."

Sonra bir fakir insana değil fâni ve geçici bir tarlayı, bir hâneyi, belki koca kâinatı ve dünya kadar dâimi bir mülkü kazandıran.. ve bir fâni adama bitmeyen/ebedi bir hayat için gerekli olan her şeyi bulunduran.. ve ecelin darağacını bekleyen bir çaresizi ebediyen yok olmaktan kurtaran.. ve bitmeyen cennet hayatının hazinesini açan en kıymetli insan sermayesinin iman olduğunu bilen ve bahsi geçen misafir ve hayat yolcusu, kendi nefsine dedi ki:

"*Haydi, ileri! İmanın sayısız derecelerinden bir derece daha kazanmak için kâinatın genel yapısına ve seyrine müracaat*

---

[117] Kurân okurken her bir harfine on sevap verileceğine dair: Tirmizi, Fezâilü'l-Kur'ân 16; Dârimi, Fezâilü'l-Kur'ân 1; İbni Ebi Şeybe, Musannef 6/118.

[118] Gece namazında on ayet okuyana yüz sevap (İbni Ebî Şeybe, Musannef 7/202; Ebu Nuaym, Hilyetü'l-evliya 4/6), günde yüz defa İhlas Sûresi'ni okuyana bin beş yüz sevap (Ebû Ya'lâ, Müsned 6/103), Kadir gecesinde ise otuz bin sevap (Kadir Sûresi, 97/3) verilmesi gibi...

edip, o da ne diyor, dinlemeliyiz; temellerinden ve parçacıklarından aldığımız dersleri tamamlayıp aydınlatmalıyız!" diye, sırlar dolu yüce Kurân'dan aldığı geniş ve kuşatıcı bir dürbünle baktı, gördü:

Kainat Kitabı

Bu kâinat, o kadar anlamlı ve muntazamdır ki; somut bir evren kitabı ve cisimleşmiş sınırsız bir kudretin yazılımı.. ve süslü her türlü donanıma sahip mükemmel bir saray.. ve sonsuz rahmetin tecellileriyle donattığı muntazam bir şehir suretinde görünüyor. O kitabın bütün sûreleri, âyetleri ve kelimeleri, hattâ harfleri ve bölümleri ve fasılları ve sayfaları ve satırları, tümünün her vakit anlamlı olarak yok olup varlıklarını devam ettirmeleri ve yerli yerince değiştirilip başka hâle sokulmaları, topluca her şeyi bilen bir Yaratıcı'nın ve kudreti her şeye yeten bir Güc'ün ve bir Tertipleyici'nin, her şeyde her şeyi gören ve her şeyin her şeyi ile münasebetini bilen, aralarındaki dengeleri koruyan bir yüce Sanatkâr'ın ve bir kusursuz Yazılımcı'nın varlığını ve mevcudiyetini açıkça ifade ettikleri gibi; bütün şart ve türleriyle ve parça ve parçacıklarıyla ve oturanları ve bağlı bulunduklarıyla ve gelir ve masraflarıyla ve onlarda faydalarını gözetir bir tarzla değiştirmeleriyle ve her şeyin yerli yerince olması ve gözetilmiş bir usul ve yenilenmeleriyle ve fikir birliğiyle, sonsuz bir kudret ve nihayetsiz bir ilimle iş gören yüce bir Usta'nın ve misli olmayan bir Sanatkâr'ın varlığını ve birliğini bildiriyorlar. Ve kâinatın büyüklüğüne münasip iki büyük ve geniş hakikatın şahitlikleri, kâinatın bu büyük tanıklığını ispat ediyorlar.

Birinci Hakikat: Usulüddin ve ilm-i kelâmın[119] uzman bilginlerinin ve müslüman felsefecilerinin gördükleri ve sayısız delillerle ispat ettikleri "hudûs"[120] ve "imkân"[121] hakikatleridir. Onlar demişler ki: "Madem âlemde ve her şeyde başkalaşma ve değişme var; elbette fânidir, hâdistir (sonradan olmuştur), kadîm (başlangıcı olmayan Yaratıcı gibi ezeli..) olamaz. Madem hâdistir (sonradan olmuştur), elbette onu ihdas eden (yoktan var edip dizayn eden..) bir Sanatkâr var. Ve madem yaratılmış her şeyin özünde varlık ve yokluk gibi, bir sebep bulunmazsa, eşittir, elbette varlığı kendinden ve ezelî olamaz. Ve madem imkansız ve yanlış olan devir teslim ve zincirleme bir silsile ile birbirini icad etmenin mümkün olmadığı kesin delillerle ispat edilmiş; elbette öyle bir Yaratıcı'nın varlığı lâzımdır ki; benzeri, imkansız.. misli, muhal.. ve bütün başkası, mümkün ve kendinden (Yaratıcı'dan) başka her şey, yarattığı (mahlûku..) olacak..."

Evet hudûs (sonradan var olma) gerçeği, kâinatı kuşatmış. Çoğunu göz görüyor, diğer kısmını akıl görüyor. Çünkü gözümüzün önünde her sene güz mevsiminde öyle bir âlem vefat eder ki; her birisinin sayısız fertleri bulunan ve her biri canlı bir kâinat hükmünde olan yüz binden ziyade bitki türleri ve küçücük hayvancıklar (börtü böcekler), o âlemle beraber vefat ederler. Fakat o kadar düzenli bir vefattır ki; haşir ve neşirlerine (ölüp dirilmelerine) vesile olan ve rahmet ve hikmetin mucizeleri, kudret ve ilmin harikaları bulunan çekirdekleri ve tohumları ve yumurtacıkları baharda yerlerinde bırakıp, gelişim planları ve gördükleri vazifelerin programlarını onların ellerine vererek her şeyi koruyan

---

[119] Usulüddin, ilm-i kelâm ve akâkid İlmi, İslâm'ın inanca ait meselelerini inceleyen ilim dalları.
[120] Sonradan olma, yok iken varlık kazanma. Kainatta meydana gelen her şeyde bir oluşum, değişim ve başkalaşım var ise elbette bu varlıklar kendi başlarına bunları yapamıyacağına göre ezeli ve ebedi bir kudret bunları yapıyor ve değiştiriyor demektir.
[121] Bir şeyin varlığının veya yokluğunun olabilirlik açısından eşit olması. Eğer bir şey var olma veya olmama adına kendi başına bir şey yapamıyorsa elbette onun olmasını dileyen ve yapan başka bir kudret vardır.

bir Yaratıcı'nın himayesi altında, O'nun (Yaratıcı'nın) ilmine emanet eder sonra vefat ederler. Ve bahar mevsiminde öldükten sonra tekrar muhteşem dirilmenin yüz bin misali ve nümune ve delilleri hükmünde olarak o vefat eden ağaçlar ve kökler ve bir kısım hayvancıklar, aynen hayat bulup diriliyorlar. Ve bir kısmının dahi kendi yerlerinde emsalleri ve aynen onlara benzeyenleri var olup hayat buluyorlar. Ve geçen baharın yaratılmış varlıkları, işledikleri fiillerin ve vazifelerin sayfalarını ilân tabloları gibi neşredip, *"Hesap defterleri açıldığı zaman..."*[122] âyetinin bir misalini gösteriyorlar.

Hem genel yapı ve işleyiş yönünde, her güzde ve her baharda büyük bir âlem vefat eder ve taze bir âlem varlık sahnesine gelir. Ve o vefat ve hudûs (sonradan olma..), o kadar muntazam cereyan ediyor ve o vefat ve hudûsta (sonradan oluşta), yeryüzü, gayet intizam ve ölçüyle o kadar türlerin ölümleri ve sonradan yaratılışlarına sahne oluyor ki; güya dünya öyle bir misafirhanedir ki canlı kâinatlar ona misafir olurlar ve hareket halindeki âlemler ve gezgin dünyalar ona gelirler, vazifelerini görürler, giderler.

İşte bu dünyada böyle hayat dolu dünyaları ve vazifeli kâinatları mükemmel ilim ve hikmet ve ölçüyle ve denge ve intizam ve nizamla yoktan var edip, icad ederek ilahi maksatlarda ve ilâhî gayelerde ve rahmânî hizmetlerde sınırsız bir kudretle kullanıp merhametle çalıştıran bir şanı yüce Zât'ın kesin varlığı ve sonsuz kudreti ve nihayetsiz ilmi, açıkça ve güneş gibi akıllara görünüyor.

Amma işin imkân (olabilirlilik) yönü ise o da kâinatı kaplayıp kuşatmıştır. Çünkü görüyoruz ki her şey; bir bütün ve bir bütünün parçası bulunsun, büyük ve küçük olsun, gökyüzünden yeryüzüne, atomlardan gezegenlere kadar her varlık, özel bir ki-

---

[122] Tekfir Suresi, 8/10.

şilik ve belli bir suret ve seçkin bir şahsiyet ve has sıfatlar ve hikmetli nitelikler ve faydalı cihazlarla dünyaya gönderiliyor.

• Halbuki o özel kişiye ve o kişiliğe, sayısız imkânlar içinde o özelliği vermek...

• Hem sûretler adedince imkânlar ve ihtimaller içinde o nakışlı ve farklı ve münasip o belirli sureti giydirmek...

• Hem, hemcinsinden olan şahısların miktarınca imkânlar içinde çalkalanan o varlığa, o lâyık şahsiyete belirgin ve kendine has özellikler vermek..

• Hem sıfatların türleri ve mertebeleri sayısınca imkânlar ve ihtimaller içinde şekilsiz ve kararsız bulunan o yaratığa, o has ve münasip faydalı sıfatları yerleştirmek...

• Hem sınırsız yollar ve tarzlarda bulunması mümkün olması noktasında sayısız olabilirlikler ve ihtimaller içinde şaşkın, sersem, hedefsiz o yaratığa, o hikmetli özellikleri ve dengeli cihazları takmak ve donatmak, elbette tüm ve en küçük parçacıkları bütün olabilirlik adedince ve her mümkünün zikredilen öz ve kimlik, biçim ve suret, sıfat ve vaziyetinin olabilirlikleri adedince, onu özel kılıcı, tercih edici, tayin edici, yoktan var edici bir Yaratıcı'nın kesin varlığına ve sonsuz kudretine ve sınırsız hikmetine ve hiçbir şey ve hiçbir işleyiş, O'ndan gizlenmediğine.. ve hiçbir şey O'na ağır gelmediğine.. ve en büyük bir şey en küçük bir şey gibi O'na kolay geldiğine.. ve bir baharı bir ağaç kadar ve bir ağacı bir çekirdek kadar kolaylıkla yoktan var edebildiğine işaretler ve göstermeler ve şahitlikler, olabilirlik gerçeğinden çıkıp kâinatın bu büyük tanıklığının bir kanatını ve bir yönünü teşkil ederler.

Kâinatın genel yapısından gelen büyük ve bütüncül tanıklığın ikinci kanatını ispat eden:

İkinci Hakikat: Bu mütemadiyen çalkalanan dönüşümler ve değişimler içinde varlığını ve hizmetini ve hayat sahibi ise hayatını muhafazaya ve vazifesini yerine getirmeye çalışan yaratıkta kuvvet ve güçlerinin bütün bütün haricinde yardımlaşma hakikati görünüyor. Meselâ elementleri, canlının imdadına.. hususan bulutları, bitkilerin yardımına.. ve bitkileri dahi hayvanların yardımına.. ve hayvanlar ise insanların yardımına.. ve memelerin kevser gibi sütleri, yavruların beslenmelerine.. ve canlıların iktidarları haricindeki pek çok ihtiyaçları ve rızıkları, umulmadık yerlerden onların ellerine verilmesi.. hattâ yiyecek molekülleri dahi beden hücreciklerinin tamirine koşmaları gibi.. Allah'ın varlıkları birbirinin emrine vermesi ile ve Yaratıcı'nın merhametiyle varlıklara kendi aralarında birbirlerinin işlerini gördürmesi ile, yardımlaşma gerçeğinin pek çok misalleri doğrudan doğruya bütün kâinatı bir saray gibi idare eden bir Yaratıcı'nın umumî ve sonsuz merhameti ile, idare ve hâkimiyetini gösteriyorlar.

Evet, cansız ve şuursuz (bilinçsiz) ve merhametsiz olan ve birbirine şefkatli bir tarzda, şuurluymuşçasına vaziyet gösteren yardımcı varlıklar elbette gayet sonsuz Şefkat ve her şeyi yerli yerince yapan bir şanı yüce Allah'ın kuvvetiyle, rahmetiyle, emriyle yardıma koşturuluyorlar.

İşte kâinatta geçerli olan umumî yardımlaşma, gezegenlerden tâ canlıların uzuvları ve organları ve bedenindeki atomlarına kadar mükemmel bir düzen ve intizamla cereyan eden genel denge ve umumi koruma.. ve gökyüzünün yaldızlı yüzünden ve zeminin süslü yüzünden tâ çiçeklerin süslü yüzlerine kadar kalem gezdiren süsleme.. ve samanyolu galaksisinden ve güneş sisteminden tâ mısır ve nar gibi meyvelere kadar hükmeden düzen.. ve güneş ve aydan ve elementlerden ve bulutlardan tâ bal arılarına kadar memuriyetle görevlendirme gibi pek büyük hakikatlerin büyüklükleri nisbetindeki tanıklıkları, kâinatın şahitliğinin ikinci kanatını ispat ve teşkil ederler.

Yaratıcı'yı İsim ve Sıfatlarıyla Tanımak

Sonra, dünyaya gelen ve dünyanın Yaratıcı'sını arayan ve on sekiz adet mertebelerden çıkan ve hakikatin zirvesine yetişen bir iman merdiveni ile görmeden Allah'ı tanıma ve bilmeden huzura alınmışçasına ve muhatap tarzında bir makama terakki eden meraklı ve şevkli yolcu adam, kendi ruhuna dedi ki: Fatiha-i Şerife'de başından tâ *"Yalnız Sana..."* kelimesine kadar görmeden övme ve yüceltme ile bir huzur gelip *"Yalnız Sana..."* hitabına çıkılması gibi biz dahi doğrudan doğruya, görmeden aramayı bırakıp, aradığımızı aradığımızdan sormalıyız. Her şeyi gösteren güneşi, güneşten sormak gerektir. *"Evet, her şeyi gösteren, kendini her şeyden ziyade gösterir."* Öyleyse, güneşin ışınları ile onu görmek ve tanımak gibi Yaratıcı'mızın esmâ-i hüsnâsıyla (güzel isimleriyle) ve kudsi sıfatlarıyla O'nu kabiliyetimiz nisbetinde tanımaya çalışabiliriz.

Bu maksadın sayısız yollarından iki yolu ve o iki yolun sınırsız mertebelerinden iki mertebeyi ve o iki mertebenin pek çok gerçeklerinden ve pek çok uzun tafsilâtından yalnız iki hakikati öz ve kısa anlatımı ile bu bölümde beyan edeceğiz.

Birinci Hakikat: Bizzat gözümüzle görünen ve kapsamlı ve daimî ve muntazam ve dehşetli ve gökyüzünde ve yeryüzünde olan bütün varlıkları evirip çeviren ve değiştiren ve yeniliyen ve kâinatı kaplayan ve her yere yayılmış bu çalışmaların görünmesi.. ve o her yönüyle ilme dayalı çalışma gerçeğinin içinde ilâhi terbiye ve idarenin açıkça hissedilmesi.. ve o her yönüyle rahmet saçan ilahi terbiye ve idare gerçeğinin içinde, mutlak büyüklüğün tek sahibi Hz. Allah'ın belli olması gerçeği kesin olarak bilinmiş olmasıdır.

İşte bu eğemen ve hikmetlice (bilgece) devamlı çalışma ve etkinlik (faaliyet) perdesinin arkasında dilediği her şeyi sonsuz kudretiyle yapan Hz. Allah ve her şeyi en iyi bilen bir Yaratıcı'nın fiilleri, görünür gibi hissedilir.

Ve bu terbiye eder bir tarzda ve her şeyi ayarlayıp düzenleyen ilâhi fiillerden ve tecelli perdesinin arkasındaki her şeyde yansımaları bulunan ilâhi isimler hissedilir derecesinde net olarak bilinir.

Ve bu yüceliğin ve büyüklüğün yegâne sahibi olduğunu yansıtır bir stilde (biçimde) ve her bir varlığa ayrı ayrı tecellileriyle, onlara lütfettiği hususi güzellikleri gösterir bir tarzda, yansıyan esmâ-i hüsnâdan (ilâhi güzel isimlerden) ve tecelli perdesinin arkasında yedi mukaddes sıfatını okuyup öğrenerek (ilmelyakîn), belki gözle görerek (aynelyakîn), belki özüne ulaşarak (hakkalyakîn) derecesinde varlıkları ve işleyişleri anlaşılır.

Ve bu yedi kudsî sıfatın (hayat, ilim, sem/işiten, basar/ gören, irade, kudret, kelam/konuşan..) dahi, bütün yaratıkların şahitlikleriyle, hem canlı bir şekilde, hem her şeye gücü yeter bir biçimde, hem her şeyi çok iyi bilir bir üslupta, hem her şeyi çok iyi işitir bir şekilde, hem her şeyi çok iyi görür bir enginlikte, hem dilediği gibi irade eder bir tarzda, hem konuşur gibi sonsuz bir surette tecellileriyle açıkça ve kesin olarak ve tamamen bilgiye dayanan ve varlığı kendinden şeklinde nitelenenin.. ve bir ve tek şeklinde isimlenenin.. ve dilediği her şeyi tek başına hiçbir şeye ihtiyacı olmadan yapan, yaratan Hz. Allah'ın varlığı, güneşten daha net, daha parlak bir tarzda, kalbdeki iman gözüne görünür gibi kesin bilinir.

Çünkü güzel ve derin anlamlı bir kitap ve muntazam bir hâne, açıkça, yazmak ve yapmak fiillerini.. ve güzel yazmak ve intizamlı yapmak fiilleri dahi, açıkça, yazıcı ve dülger (marangoz) ünvanlarını.. yazıcı ve dülger ünvanları ise, açıkça yazıcı ve dülgerlik sanatlarını ve sıfatlarını.. ve bu sanat ve sıfatlar, açıkça herhalde bir zâtı gerektirir ki "Vasfedilen" ve "Sanatkar" ve o ismi yüklenen ("Müsemmâ") ve "Fâil" olsun. Fâilsiz bir fiil ve ismi yüklemsiz (müsemmâsız) bir isim mümkün olmadığı gibi; vasıfsız bir sıfat, sanatkârsız bir sanat dahi mümkün değildir.

İşte bu hakikat ve genel kuraldan dolayı bu kâinat, bütün mevcut varlıklarıyla beraber kaderin kalemiyle yazılmış, kudretin çekiciyle yapılmış, anlamlı sayısız kitaplar, mektuplar, nihayetsiz binalar ve saraylar hükmünde, her biri binler yönüyle ve beraber sonsuz tarzlar ile, ilâhi idarenin ve ilâhi şefkatin nihayetsiz fiilleri ve o fiillerin kökleri olan bin bir ilahi isimlerin sayısız tecellileri ve o güzel isimlerin kaynağı olan yedi ilâhi sıfatın nihayetsiz yansımalarıyla ve o yedi kapsayıcı ve kudsî sıfatların cevheri ve yüklemi olan ezelî ve ebedî ve yüceler yücesi ulu bir Zât'ın varlığının kesin ve kendinden olmasına ve birliğine sonsuz işaretler ve nihayetsiz şahitlikler ettikleri gibi; bütün o varlıklarda bulunan cümle hüsünler, güzellikler, kıymetler, faziletler dahi, ilâhi fiillerin ve ilâhi isimlerin ve ilâhi sıfatların ve münezzeh manaların, kendilerine lâyık ve uygun kudsî güzelliklerine ve erdemlerine ve hepsi birden en yüce Zât'ın kudsî güzelliğine ve mükemmelliğine açıkça tanıklık ederler.

İşte etkinlik hakikati içinde görünen ilâhi terbiye ve idare hakikatı, ilim ve hikmetle yaratma ve var etme ve estetik ölçülerle meydana getirme ve örneği, benzeri olmayan bir sanat eseri var etme.. ölçü ve denge ile takdir ve tasvir ve düzenleme ve çekip çevirme.. kast ve irade ile değiştirme ve dönüştürme ve indirme ve tamamlama.. şefkat ve rahmetle besleme ve nimet verme ve ikram ve ihsan gibi halleriyle ve tasarruflarıyla kendini gösterir ve tanıttırır. Ve Yaratıcı'nın her şeyi kuşatan idare ve terbiyesinin çok bariz olarak görünmesi gerçeği içinde açıkça hissedilen ve bulunan yüceliğin görünme hakikatı dahi esmâ-i hüsnânın (ilâhi güzel isimlerin) pek merhametli ve çok cömertçe yansımalarıyla ve yedi sıfât-ı sübûtiye (varlığı katiyen isbat edilene ait..) olan "hayat, ilim, kudret, irade, sem (işiten), basar (gören) ve kelâm (konuşan)" sıfatlarının celâlli[123] ve cemalli[124] tecellileriyle (yansımalarıyla) kendini tanıttırır, bildirir.

Evet nasıl ki kelâm sıfatı, vahiyler ve ilhamlarla Zât-ı Akdesi (her türlü kusur ve noksanlıktan beri olan Allah'ı) tanıttırır; öyle de kudret sıfatı dahi, mücessem kelimeleri hükmünde olan sanatlı eserleriyle o yüceler yücesi Zât'ı bildirir ve kâinatı baştan başa bir doğruyu yanlıştan ayırıp gürül gürül ilan ve ifade eden maddi varlıklar şeklinde gösterip, bir kudreti sonsuzu anlatır ve tarif eder.

Ve ilim sıfatı dahi hikmetli, intizamlı, mizanlı olan bütün yaratık miktarınca ve ilimle idare ve tedbir (düzenleme) ve tezyin (süsleme) ve temyiz edilen (ayrıcalıklı kılınan) bütün mahlûkat (yaratıklar) adedince vasıfları olan birtek Zât-ı Akdesi (her türlü kusur ve noksanlıktan beri olan Allah'ı) bildirir.

Ve hayat sıfatı ise kudreti bildiren bütün eserler.. ve ilmin varlığını bildiren bütün intizamlı ve hikmetli ve mizanlı (ölçülü), ziynetli (süslü) suretler, haller.. ve sair sıfatları bildiren bütün deliller, hayat sıfatının delilleriyle beraber, hayat sıfatının gerçekleşmesine işaret ettikleri gibi; hayat dahi bütün o delilleriyle, aynaları olan bütün canlıları şahit göstererek, hayatın tek sahibi bir Zât'ı bildirir. Ve kâinatı; baştan başa, her vakit, taze taze ve ayrı ayrı cilveleri ve nakışları göstermek için daima değişen ve tazelenen ve sayısız aynaların birleşmesinden bir büyük ayna suretine çe-

---

[123] Celâlli, Yaratıcı'nın birliğini, yüceliğini ve bütün eşyadaki umumi yansımalarını ifade eden sıfatı.
[124] Cemalli, Yaratıcı'nın güzelliğini ve her bir varlığa ayrı ayrı, hususi tecellilerini ifade eden sıfatı.

virir. Ve bu kıyasla görmek ve işitmek, tercih etmek ve konuşmak sıfatları dahi, her biri birer kâinat kadar, Zât-ı Akdesi (her türlü kusur ve noksanlıktan beri olan Allah'ı) bildirir, tanıttırır.

Hem o sıfatlar, şanı yüce Zât'ın varlığına işaret ettikleri gibi, hayatın varlığına ve gerçekleşmesine ve o Zât'ın canlı ve diri olduğuna dahi açıkça işaret ederler. Çünkü bilmek, hayatın alâmeti.. işitmek, dirilik emâresi.. görmek, dirilere mahsus.. irade, hayat ile olabilir. İradeyle iktidar, canlılarda bulunur; konuşma ise bilen dirilerin işidir. İşte bu noktalardan anlaşılır ki; hayat sıfatının yedi defa kâinat kadar delilleri ve kendi varlığını ve yüklemin varlığını bildiren delilleri vardır ki bütün sıfatların temeli ve kaynağı ve ism-i âzamın (en makbul ve büyük isimlerin) kökü ve vesilesi olmuştur.

İkinci Hakikat: Konuşma sıfatından gelen ilâhî beyandır: *"De ki: Rabbimin sözlerini yazmak için en büyük okyanus mürekkep olsaydı (hatta onun bir mislini de takviye gönderseydik), bu deniz tükenir, Rabbimin sözleri yine de bitmezdi."*[125] âyetinin sırrıyla ilâhî beyan, nihayetsizdir. Bir zâtın varlığını bildiren en açık işaret, konuşmasıdır. Demek bu hakikat (yani vahiy kaynaklı bu ilâhi gerçek), sonsuz bir surette sözü zamanları aşan, ezeli olan (yani başlangıcı olmayan..) bir Yaratıcı'nın varlığına ve birliğine şahitlik eder.

---

[125] Kehf Suresi, 18/109.

Sonuç

Ey kıymetli dostum bil ki! Beyan ve ifadesi mucize olan Kuran'ın hak ve hakikat olduğuna en doğru deliller:

1. Tevhidin (bir Allah'tan başka İlâh olmadığı inancının) bütün iktizâlarını (gerektrici sebeplerini) ve lüzumlu mertebeleriyle muhafaza etmesidir.

Tevhid, her yerde ve her şeyde Allah'tan başkasının müdahalesi olmadığını anlamak, bilmek ve bilerek yaşamak...

2. Yaratıcı'ya ait güzel isim (Esmâ-i Hüsnân'ın) ve sıfatların uyumluluğu ve lüzumu üzerine İlâhi değerlerdeki dengeyi tatbik etmesidir.

"Hani Rabbin, Meleklere: Muhakkak ben, yeryüzünde bir halife var edeceğim, demişti. Onlar da: Biz seni şükrünle yüceltir ve (sürekli) takdis ederken, orada bozgunculuk çıkaracak ve kan dökecek birini mi var edeceksin?" dediler. (Allah:) "Şüphesiz sizin bilmediğinizi ben bilirim, dedi."[126]

"Ve Âdem'e bütün isimleri öğretti, sonra onları meleklere gösterdi: Eğer sözünüzde samimi iseniz bunların isimlerini bana söyleyin" dedi.[127]

---

[126] Bakara Suresi, 2/30.
[127] Bakara Suresi, 2/31.

"Dediler ki: Sen yücesin, bize öğrettiğinden başka bizim hiçbir bilgimiz yok. Gerçekten sen, her şeyi bilen, hüküm ve hikmet sahibi olansın!"[128]

Hz. Âdem, ilk insan ve aynı zamanda ilk peygamberdir. Allah ilk insan olarak Âdem'i sonra eşi Havva'yı yaratmıştır. Yaratıcı, Âdem'i bütün faziletlerin tohum ve çekirdeklerini bünyesinde toplayan yüksek bir yaradılış üzere resmetmiş ve O'nu bütün yüksek fikirlerin tohumlarına tarla olacak, çok geniş bir kabiliyet üzere yaratmıştır. O'nu varlık adına her şeyi kuşatan ulvi bir vicdan ve çevreleyici hususi duygularla donatmıştır.

Bu üç meziyet:

1- Yüksek yaratılış,

2- Etkili kabiliyet,

3- Ve her şeyi kuşatıcı bir vicdan sayesinde Allah Âdem'i eşyadaki tüm gerçekleri öğretime hazırlamış, sonra da varlık aynasına yansıyan bütün İlâhi isimleri kendisine talim etmiştir.

Böylece Allah Hz. Âdem'i yarattı ve düzenleyip O'na seviye kazandırdı. Cesedine ruh üfledi, terbiye etti ve sonra O'na İlâhi isimleri öğretti. Peşinden de O'nu hilafete; yeryüzünde Allah'a ait değerleri temsile aday kıldı. Tâ ki Allah, Âdem'i meleklere tercih etmekle üstünlüğünü ilan edip, O'nu yeryüzünde İlâhi değer ve ölçüleri temsil hakkının yanında, isim bilgisiyle de destekleyerek, diğer bilinç sahibi kullarından seçkin kılmıştır.

Hz. Âdem'in hilafet (Allah'ı temsil) davasında en büyük mucizesi, İlâhi isimlerin O'na öğretilmesidir. İşte bu sahada diğer peygamberlerin mucizeleri, hususi birer insan harikaları olan teknik buluşlarına işaret ettiği gibi, bütün peygamberlerin babası ve peygamberler meclisinin fatihası (kapısı) sayılan Hz. Âdem'in mucizesi de umum insanların fazilet alanında alacakları mesafe-

---

[128] Bakara Suresi, 2/32.

ye ve maddi yükselişlerinin nihayetlerine ve hatta en ileri hedeflerine çok açık işaret ediyor.

"Ve Âdem'e bütün isimleri öğretti, sonra onları meleklere gösterdi: Eğer sözünüzde samimi iseniz bunların isimlerini bana söyleyin" dedi.[129]

Yaratıcı, mânen şu ayetin işaret lisaniyle diyor ki: "Ey Âdem'in çocukları! Sizin babanıza, meleklere karşı yeryüzünde Allah'ı temsil davasında (hilafet davasında) üstünlüğüne delil olarak, İlâhi isimlerimi öğrettim. Siz dahi, mâdem O'nun evladı ve kabiliyetlerinin tek mirascısısınız, o vakit babanız Âdem gibi bütün isimleri öğrenip, o büyük emanet tahtında, cümle yaratıklara karşı üstünlüğünüze layık olduğunuzu göstermek gerektir. Çünkü siz insanlara kainattaki kanun ve kurallarım gereğince, bütün mahlukat üstünde, en yüksek makamlara çıkma kapıları açıktır.

Tabiat gibi.. büyük ve ince sanat terkiplerinden oluşturduğum yaratıkların size hizmetçi olması ve onlar üzerinden önemli evrelere yükselme yolu ayaklarınıza serilmiştir... Haydi ileri atılınız ve Allah'ın birer ismine (kainattaki kanunlarına) yapışınız ve yükselişe geçiniz!.. Fakat sizin babanız, bir defa şeytana aldandı, cennet gibi bir makamdan yeryüzüne geçici sukut etti. Sakın siz de buluş ve ilerlemenizi şeytana uyarak, İlâhi hikmetin gökler ötesi katından, tabiat sapkınlığına düşüşe vasıta yapmayınız...

Zaman zaman başınızı kaldırıp *'güzel isimlerime'* (evrendeki geçerli kanun ve kurallarıma) dikkat ederek, o göklerde, size geceleri göz kırpan yıldız denizindeki gezegenlere yükselmek için fizik, kimya ve matamatiği.. merdiven yapınız! Tâ yüksek teknik ve teknolojinizin hakiki güç kaynağı olan İlâhi isim dairelerime çıkasınız ve o kanunların (isimlerin) dürbünüyle, kalbinizle Rabbinize bakasınız..!

---

[129] Bakara Suresi, 2/31.

Akıl sahipleri için şu hayret verici ayette önemli, ince manalı bir söz ve çok kıymetli bir sır nazara verilmektedir ki; insan, çok kapsamlı kabiliyetleri, sahip olduğu bütün ilmi fazilet, teknik buluşları ve harika eserleriyle Kuran'daki konumu: *"İsimler'in öğretilmesi"* namiyle ifade ve tabir edilmektedir. Bu duruma İlâhi beyanda şöyle lâtif ve yüksek bir işaret var ki: *Her bir mükemmel faziletin, her bir ilmin, her bir teknik ilerlemenin, her bir fennin doğruluğu, dayanağı ve hakiki gerçeği; İlâhi bir isime dayanıyor olmasıdır.*

İlâhi isimlerin pek çok perdeleri ve varlık aynasına yansıyan farklı tecelli boyları ve o muhtelif dairelerdeki kanunlara (isime) dayanmakla, o bilim, fazilet ve sanat; yetkinliğini bulur ve kıvamına erişir. Yoksa yarım yamalak bir surette noksan bir gölge durumuna düşer. Örneğin: Geometri bir bilimdir. Onun hakikatı ve son noktası, Allah'ın *"Adalet ve Mukaddir"* ismine yetişip, geometri âyinesinde o ismin bilime dayalı cilvelerini kendine has büyüklüğüyle gözlemlemektir. Mesela: Tıp bir bilim dalıdır, hem bir sanattır. Onunda nihayeti ve tutunduğu gerçek; mutlak hikmet (sonsuz ilim) sahibi olan Allah'ın "Şâfi" ismine dayanıp, çok büyük eczanesi olan yeryüzünde şefkatli yansımalarını, ilaçlarda görmekle tıp olgunluğunu bulur ve hakikat olur. Örneğin: Evrenin gerçek yüzünden bahseden fizik, kimya ve botanik.. gibi bilim dalları Yaratıcı'nın *'Hakîm isminin'* yoğun yansımalarını, dikkatlice, eğitircesine eşyada; menfaat ve faydalarında görmekle ve o isime (evrendeki kanun ve kurallara) yetişmekle ve ona dayanmakla şu bilim ancak bilim olabilir... Yoksa, ya efsaneye dönüşür ve faydasız olur veya tabiatcı (maddeci) felsefe örneğinde olduğu gibi sapkınlığa yol açar. İşte sana üç misal!.. Diğer fazilet ve fenleri (bilimleri) bu üç misale kıyas ederek gör ki; Kuran şu ayette beşeri hükmedercesine şimdiki buluş ve ilerlemelerinde pek çok geri kaldığı en yüksek noktalara, en ileri hududa ve en nihayet mertebelere, arkasına teşvik elini de vurup, parmağıyla o makam ve mertebeleri gösteriyor: "Haydi arş ileri!" diyor.

3. Rububiyet ve ulûhiyete âit halleri tam bir denge kuşağında toplamasıdır. Rububiyet, Allah'ın her zaman her yerde, her yaratığa muhtaç olduğu şeyleri vermesi ve onları idaresi altında tutarak haklarında eğitici ve düzenleyici her türlü önlemi almasıdır. Bu durum O'nun her şeye sahip oluşu ve maddi-manevi besleyiciliği özelliğindendir. Uluhiyet ise, Allah'ın kainattaki tasarruf ve hâkimiyeti ile her şeyi kendisine ibadet ve itaat ettirmesidir.

Kurân'ın bu üç özelliği beşerin eserlerinde bulunmadığı gibi, varlığın melekût (fizik ötesi) boyutuna geçen evliya (Allah dostları) ve sair büyüklerin fikri düşüncelerinin ürünü olan eserlerinde de bulunamamıştır. Mevcut eşyanın ölçüsüz yorumuna dalıp şirke bulaşmış filozoflar ve Allah'ın izniyle varlığın gizli boyutuna geçebilen rûhâni zatlar dahi Kurân'ın bu hususiyetini yakalıyamamışlardır. Zira onların nazarları sınırlı olduğundan, mutlak gerçeği kuşatamıyorlar... Bunlar ancak hakikatin bir tarafını bulur ve ifrat-tefritle tasarrufa başlarlar. Bunun içindir ki tenasübü bozup dengeyi ihlâl ediyorlar.

Meselâ, türlü cevherleri içinde barındıran süslü ve kıymetli bir defineyi keşfetmek için birkaç adam denizin dibine dalarlar. Denizin dibinde araştırma yaparken birisinin eline uzunca bir parça elmas geçer. Definenin hepisi tamamen bu gibi elmaslardan ibaret olduğuna hükmeder. Sonra arkadaşlarından başka çeşit kıymetli taşların bahsini işittiğinde, onların buldukları mücevherlerin kendi bulduğu elmasın nakışları olduklarını hayal eder. Diğeri kürevî bir yakutu bulur. Öteki arkadaşı da başka bir çeşidini buluyor. Ve bunun gibi, herbirisi definenin esas aslını bir bütün olarak kendi bulduğu çeşitten ibaret olduğunu ve arkadaşlarının buldukları çeşitler de definenin faydasız ve teferruatından olduğuna inanır. Mesele bu şekle girmekle denge kayıp ve tenâsüb yok olur. Sonra meselenin hakikatini keşif ve izah için yorum ve zorlamalara başlarlar. Hattâ definenin inkârına bile giden olur.

Evet, Hz. Peygamber'in tarzı ve ölçüleriyle mizana vurulup tartılmazdan evvel, hemen gördüklerine itimad eden sapkın felsefecilerin ve bir kısım tarikat sahibi kimselerin eserlerini etraflıca tetkik edip inceleyen zatlar, şu söylediklerime hak verir ve tereddütsüz kabul ederler.

Kurân da o defineyi keşfetmek için o denize dalmıştır. Fakat Kurân'ın gözü açık olduğundan, defineyi tamamıyla kuşatarak görmüştür. Ve hakikate uygun bir tarzda tenasüb ve dengeye riayet ederek mükemmel bir tertip ve intizamlı bir şekilde hakikatı izhar edip meydana çıkarmıştır.

İnsanlar arasında çeşitli şekilde sapkınlığa düşen kimselerin sapkınlık sebebi ise, *'imamlarının/rehberlerinin'* kusurudur. Evet, imamları/rehberleri gizli sırlardan bahsetmişlerse de, gözlemlerine itimad ve iktifa ederek aydınlık yoldan dönmüşlerdir. *"Birtek şey elde ettin, ama çok şeyleri kaybettin..!"* sözüne muhatap olmuşlardır, dedi ve işte ne yazık ki ahir zamanda liyakati olmayan pek çok ehliyetsiz kimseler iş başına geçerek, insanları ahiret eksenli bir hayat tecrübesinden (Kuran ve Sünnet'ten) uzaklaştıracaklar... Onun içindir ki; din adına söylenecek her şey, Kuran ve Sünnet'in hassas terazisiyle tartılıp, Selef-i Sâlihin, yani Ehl-i Sünnet ve Cemaat'in ilk rehberleri: Ashâb, Tabiîn'in ileri gelenleri ve Tebe-i Tabiîn'in süzgecinden geçmedikçe, asla muhatapların kalbinde ve kafasında kabul görmeyecektir...

Her şeyden evvel inananların inanmış oldukları değerleri kaliteli temsil etme gayreti ve çabası içerisinde olmaları çok önemlidir. Bunun için ne lazım geliyorsa yapılmalı... Çağıyla hesaplaşabilecek çapta ve kalitede bir Müslümanlık yakalanmalı... Devlet, millet bütünlüğü sağlanmalı ve her koşulda da bu halin devamlılığı korunmalıdır. Yeryüzünde her canı kapsayacak umumi barışın, selametin ve güvenin temsilcisi olma niteliğini kendimize kazandırmalı... Din budur zaten!.. Allah'a inanma ve Elçisi'ne bağlanma da bu hali netice vermelidir... Kavga ve gürültüye çanak tutmak değil... Fitneyi uyandırma veya fitneye alet olma da değil... Diğer bir ifadeyle: *"Yaşadığını anlatmak, anlattığını da mutlaka yaşamak"* her Müslüman'ın en önemli vasıflarından biri olmalıdır. Zira tebliğ (nasihat) insanı hakikî mümin (Allah'a inanıp emirler ve kurallar karşısında uyumlu) olma yolundadır... Hakikî mümin ise, iç ve dış bütünlüğüne ermiş insan demektir. Böyle birinin hayatında iç ve dış çatışması söz konusu değildir. İkili veya düal yaşama, düpedüz bir münâfıklık sıfatıdır. Bu kötü ahlâk ise, gerçek bir tebliğ insanında (nasihatçi de) asla bulunamaz; bulunmamalıdır da. Zira mümin olmak ona her zaman ve zeminde ancak ve ancak yaşadıklarını söyleme gibi yüce bir ahlâk ufkunu göstermektedir.

Ayrıca, nasihatçi (tebliğ eden) yaşanmayan sözlerin, öğütlerin, umumi vicdanda herhangi bir müspet (olumlu) tesir icrâ etmeyeceğini de bilmelidir. Evet, samimî olmayan söz ve davranışlara Allah yümün, bereket ve tesir lütfetmez. Bazen, birtakım yarı samimî ya da samimî olmayan kimselerin hizmetlerinde tesir ve muvaffakiyet görülse de, bu tamamen alternatifsizlikten kaynaklanan bir durumdur ve geçicidir. Bazen böyle bir durumun tahakkuk etmesi, ya o an da daha samimî insanlar mevcut olmadığından veya samimî olanlar henüz bir câzibe merkezi oluşturamadıklarındandır.

Bu itibarlarla da, samimî olmayanların kaderi, günü gelince silinip gitmektir. Dünden bugüne ilâhî kanun hep böyle cereyan etmiştir. Dolayısıyla da bu yarı samimî veya samimiyetsiz insanların geçici başarıları iman ve basiret sahiplerini yanıltmamalıdır.

Yaşadığını anlatmak ya da aksi ifadesiyle anlattığını yaşamak kişinin sık sık kendi kendisiyle hesaplaşması ve benliğini bulmasıyla mümkün olur. Oturaklaşmamış ve belli bir olgunluk kazanmamış beden insanlarının düal yaşamaktan kurtuldukları görülmemiştir. Evet bu ruhlar, oldukları gibi davranamamalarının yanı sıra, davrandıkları gibi de hiç olamamışlar ve olamazlar da. Toplum içinde sergiledikleri saygınlık, olgunluk ve istikrarlılık gibi durumlar, tamamen yapmacık ve suni davranışlardan ibaret olduğu için, bunlar hep çevrelerinden istiskal (hoşnutsuzluk) görmüşlerdir. Evet bunlar, yalnız kaldıklarında alabildiğine lâubâli (dikkatsiz) ve her türlü ciddiyetten uzaktırlar. Bu ise, bir nevi hamlığı, yetersizliği ve tutarsızlığı ifade etmektedir ki, bunların izale edilmesi, hiç kuşkusuz iyi bir itikad (inanç), sağlam bir tevekkül (güven) ve gerçek bir teslimiyete bağlıdır.

Evet, tebliğ eden her nasihatçi bu hususa çok dikkat etmelidir. Halkın arasında iken nasıl bir davranış sergiliyorsa, bunu yalnız kaldığı zamanlarda da devam ettirmeli ve gizli-açık bütün davranışlarında samimî olmaya gayret göstermelidir. Hem öyle göstermelidir ki, toplumsal ve bireysel davranışlarında katiyen herhangi bir çelişkiye düşmemelidir. Evet, onun gecesi de gündüzleri kadar aydın, gündüzleri ise güneşe parlaklık ve ışık verecek kadar pırıl pırıl, berrak olmalıdır. Dikkatsizlik neticesi işlediği küçük bir hata, samimî bir nasihatçiyi iki büklüm edip inletmelidir. O, teheccüt (gece ibadetleri) ile nurlandırmadığı gecenin sabahında, namazdan bahsetmekten hayâ etmeli. Gözüne takılan bir haramın kirini, gözyaşlarıyla yıkayıncaya kadar da durmadan ağlamalıdır. Ağzına girecek bir haram veya şüpheli lokma, ona günlerce karın ağrısı olmalı ve bir inhiraf ve sapma ruhunda cehennem alevleri gibi kendini hissettirmelidir.

Ferdin kendisinde tatbik görmeyen düşünce ve fikirler, ne kadar cazip ve hayat için ne kadar lüzumlu da olsalar, yine de istenen seviyede hüsn-ü kabul (akseptans) görmezler. Çünkü söylenen sözler, bizzat söyleyenin vicdanında yankı bulmuş değildir. Ferdin vicdanına oturmayan bir düşüncenin, umumun vicdanında yankı bulmasını istemek, imkânsız bir şeyi arzu etmek gibidir.

İslâmî bir toplumda tebliğ (nasihat) ve irşâd (bilir kişilerin eğitimle güzel ahlâka dair değerleri yaşanır hale getirme gayreti ve uyarma işi..) sadece bir vazife değil; aynı zamanda her şeye miyar (ölçü) olacak kriter (kıstas) koymak demektir ki, o toplumda fertler bütün işlerini bu ölçek ve ölçüye göre uyarlar (adapte eder), günlerini ona göre tanzim eder, gecelerini de bu sorumluluğun iniltileriyle geçirirler. Bir ferdin, ara sıra camiye gidip gelmesi, hac farizasını yerine getirip dönmesi, kandil merasimlerine iştiraki gibi durumlar ölçü olmamalıdır. İyi bir nasihatçi, nasihatiyle doğruya uyarma (irşat) bilincini yok edip, dâvâyı alabildiğine şekilcilik ve merâsimciliğe dönüştüren her davranıştan fevkalâde sakınmalıdır. Belki bu tür davranışlar, bazıları için bir teselli kaynağı olabilir ama, toplum adına ölçü olmaktan uzaktırlar. Esasen, toplumu yozlaştırıp, onun maddî-manevî direncini kısırlaştıran sebeplerin başında, *"irşad ve tebliğin"* veya *"eğitimle uyarma ve nasihatin"* bilinçli ve plânlı bir şekilde yapılmaması gelmektedir.

Günümüzde bu kutsî vazife teker teker her fert üzerinde fıtrî (doğal) bir borç kabul edilmelidir. Zira fitne girdapları, beşeriyete (insanlığa) ait boşluklardan sızarak evvelâ fertleri, sonra da bu fertlerin teşkil ettiği toplumları kıskıvrak sararak mahvolacakları uçurumlara yuvarlamaktadır.

Evet, ısrarla üzerinde durma mecburiyetindeyiz ki bu iş, her şeyden evvel bir îman konusudur.. ve şimdiye kadar bu meseleye sahip çıkanlar da hep inancı sağlam ve güçlü olan insanlar olmuştur. Bu dün böyleydi, bugün de böyledir ve yarın da böyle olacaktır. Koca bir toplum içinde, birkaç samimî ve îmanı güçlü insanın başlattığı bir tebliğ ve nasihat hareketi, kısa zamanda toplumun hissiyatında yankı bularak yüzbinlerin derdi-dâvâsı hâline gelmesi başka şekilde izah edilemez. Hiç şüphesiz böyle bir davranışın en dikkat çekici ve karakteristik yanı onun şekilcilik ve merasimden uzak olmasıdır. Çile ve ızdıraptan uzak olan her hareket, şekil ve merasime esir olmadan kurtulamaz. Zaten, merasimle bütünleşmiş hareketlerin hiçbirinin bidâyetinde zindan, gözyaşı, fikir çilesi; neticesinde kalıcılık, samimiyet, sevgi ve kucaklama yoktur.

Öz olarak; irşâd eden uyarıcı (mürşit), her hareket ve davranışını, irşâd hayatına göre ayarlamalı; bir yere mi gidecek, mutlaka irşâd mülâhazasıyla gitmeli ve irşâd (eğitim) düşüncesiyle oturup kalkmalıdır. Zira onun hayatında hususî tenezzühe (gezintiye) yer yoktur. O, fıtrî (doğal) ihtiyaçlarını dahi (inandığı) dâvâsı istikametinde kanalize etmeye çalışır. Evet o, her alıp-verdiği nefesin bir gün kendisinden sorulacağının bilinciyle yaşar. İşte bu yol nebilerin (peygamberlerin), sıddîklerin (peygamber izinde sözü ve işi bir olan doğruların), velilerin (Allah dostlarının) ve şehitlerin yoludur. Onlar hep yaşadıklarını anlattılar ve anlattıklarını yaşadılar.

Münafıklara gelince onlar, yaşamayıp anlattılar, anlattıklarını da kulak ardı ettiler. Her gün bir eğri yolun girdabına dalıp, hem kendilerini ve hem de peşlerinden gidenleri saptırıp yok olmaya sürüklediler.

Allah, bir mürşit ve uyarıcı olarak insanlara gönderdiği Hazreti İsa'ya şöyle buyurur: *"Ey Meryem oğlu! Önce kendi nefsine nasihat et, o ibret aldıkdan sonra başkalarına nasihat et. Eğer böyle yapmazsan Ben'den utan!"*

Esasında bu hitap, sadece bir peygamber olarak Hazreti İsa'ya değildir. Burada Hz. İsa, irşâd (uyarıcı) ve tebliğ (nasihatçi) makamında Allah'a muhatap olduğu için *"Yâ İsa!"* denmiştir. O hâlde, ister nebi (peygamber) ister başkası.. kim olursa olsun, irşâd (insanları peygamber yolunda eğitip uyarırken) ve nasihat ederken, evvelâ söylediği ve tavsiye ettiği şeyleri kendi nefsinde duyarak yaşamalı ve tatbik etmelidir ki, başkalarına da tesir etsin. Kurân bunu çok açık bir şekilde ifade etmektedir:

"Siz insanlara iyiliği emredip, kendinizi unutuyor musunuz..? Halbuki kitabı da okuyorsunuz. Hiç akletmiyor musunuz..?"[130]

Kitap size önce kendi nefsinizi tavsiye etmekte, işe onunla başlamayı önermektedir. O hâlde bu âyetleri okuyup durduğunuz hâlde, hâlâ aklınızı başınıza almayacak mısınız?

Evet bu âyet, Benî İsrail'e hitaben doğrudan doğruya bir tehdit, Müslümanlar'a da dolaylı olarak bir ikazdır ve "Sakın ola ki, böyle yapmayasınız" demektedir. Daha önce de söylediğimiz gibi, söylediğini yapmama, bir aldatma ve münâfıklık sıfatıdır.

Bizler bütün bir millet olarak, bilhassa yavaşlama ve gerileme devrelerinde, böyle davranan insanların hem tesirsizliğine, hem de halkın onlara itimat etmediğine defalarca şahit olmuşuzdur. Evet, İslâm'ın fikir cephesini temsil eden, dahası akademik seviyede İslâm'ı anlatan, hatta sürekli bu mevzuda fikir üreten nice insanlar vardır ki, dediklerini yaşamadıkları için iz bırakmadan çekip gitmişlerdir, çünkü davranışları müstakim değil, sözleri de îmanlarından kaynaklanmamaktadır. Halbuki bunlar halka, "sırat-ı müstakim'i" (Allah'ın razı olduğu yolu-yöntemi) anlatıyor, insanları irşad (uyarma) iddiasında bulunuyorlardı. Derken hafif bir yel esti, küçücük bir sarsıntı meydana geldi ve bunların yerle bir olmasına yetti. Dediklerini de, diyeceklerini de unutuverdiler. Hatta dediklerinin hepsini tekzip edip, karşı fikrin ateşli savunucuları hâline geldiler. Neticede de mahvolup, yoklara karıştılar. Ama acıdır, beraberlerinde bir koca kazanımı da yerle bir ettiler.. yazıklar olsun onlara!

Tebliğ (peygamber yolunda insanlara nasihat) ve irşâd (yine peygamber izinde insanları ahlâkî değerler etrafında eğitim-

---

[130] Bakara Sures, 2/44.

le uyarma) vazifesinin, çile ve ıstırapla iç içe olması ilâhî bir takdirdir. Zira ancak zorlukla elde edilen şeylerdir ki, özen ve itina ile muhafaza edilebilirler. Temelinde zorluk olmayan ve esasında terleme, yorulma olmayan servetlerin tükenişi bir an meselesidir. Hele konu, Allah'ın yeryüzünde anlatılması meselesi ise, bunun tükenip yok olması demek; insanlığın en esaslı gâyesinin ve insanca var olma garantisinin yok olması demektir. Bu da düpedüz yeryüzünde, insan varlığının mânâsızlaşmasıdır. Öyleyse insan, yeryüzünde kendi varlığını mânâlandıracak bu kutlu vazifeyi idrak etmek zorundadır...

Dün bir grup insan, zindandan zindana sürüklendi, memleket hapishaneleri onların evleri ve hâneleri durumuna geldi. Çekmedikleri cefâ, görmedikleri hakaret kalmadı. İçlerinde gece yarısı sokak ortasında derdest edildikten sonra kaçırılıpta bir daha geri dönmeyenler, her sabah evlerinden çıkarken hanımı ve çocuklarıyla helâlleşme lüzumunu hissedenler pek çoktu. Çünkü alınıp götürülecekleri yer meçhûldü. Bütün bu insanlar, işte bu mânâda bir mücadele içinde çırpınıp duruyorlardı. Ve kısa zamanda bu nezih ve samimî gayretler güzel meyveler vermeye başladı. Bugün gelinen seviye, bu hâlis ve muzdarip birkaç insanın âh u vahı ve *"Rahmeti Sonsuz'un"* da imdada yetişmesiyle gerçekleşmiştir. Öyleyse kimsenin bu kudsî serveti çarçur etmeye hakkı yoktur.

Çile ve ıstırap ile kazanılan ve belli bir seviyeye getirilen bu *'dini-kültür'* mirasına, inanan insanlar aynı seviyede hassasiyet ile sahip çıkmak mecburiyetindedirler. Daha önce, bu işin bir îman (inanç) işi olduğunu söylemiştik. İmana sahip çıkan her fert, onu yaşatmaya da azmetmelidir.. ve en azından evine barkına sahip çıktığı kadar, çoluk çocuğuna baktığı kadar, işini mesleğini hassasiyetle yürüttüğü kadar, bu iş ve ahlâkî değerlere de sahip çıkıp, onu koruyup kollamalıdır. Aksi halde, bir kısım Benî İsrail'in uğradığı akıbetten masun kalmak mümkün değildir.

Nasihatçi (mübelliğ) ve uyarıcı (mürşit), her türlü zorluğa göğüs gereceğini, germesi lâzım geldiğini sık sık kendine telkin etmelidir. O, çok iyi bilmeli ve inanmalıdır ki, daha önceki insanların davet esnasında başlarına gelen belâ ve musibetler, kendi başına da gelmedikçe muvaffak (başarılı) olamayacaktır. Yani, o hep zorluğa talip olmalı, şayet bir kolaylıkla karşılaşırsa, o zaman da şükredip daha bir süratle yoluna devam etmelidir.

İnanan, samimî insandır. Dediğini yaşama veya sadece yaşadıklarını söyleme de bir samimiyet ifadesidir. Aksi bir durumu Kurân, yalancı ve münafık sıfatı olarak ele alır. Dinden, îmandan, Kurân'dan bahseden ve her fırsatta etrafındakilere İslâm'ı anlatan bir insanın hayatı, anlattıkları şeylerin ölçü ve prensiplerine göre ayarlanmış olmalıdır. Onun hayatında günaha yer olmamalı veya günah bir ebedî ızdırap kaynağı sayılmalıdır. Evet, eğer onun işlediği bir günah varsa, bütün bir hayat boyu o günahın kavurucu azabını, vicdanının en derin köşesinde hissederek yaşamalıdır. Ve aslında, onun ruhunda hiçbir günah uzun süre misafir olarak kalmamalıdır.

Mürşit veya uyarıcı harama nazar etmez, harama el sürmez, haram yerde yürümez. Gecesi gündüzü kadar aydın, gecelerde seccadesi onun secdelerine aşıktır. Onun hayatında "sabah namazımı kaçırdım" sözü duyulmamıştır. Eğer iradesi dışında sabah namazını kaçırmışsa, bütün gününü inlemekle ve iç ızdırabıyla geçirir. O günkü iştahsızlığı davranışlarına akseder ve kendinden geçer.. ve kim bilir nedametle (pişmanlıkla) nasıl iki büklüm olur!..

Murakabe (iç kontrol) ve muhasebe (iç hesaplaşma) duygusu, nasihatçiyi ve uyarıcıyı her zaman kamçılayan bir esastır. Uyarıcı, daima kendi içini kontrol etmeli, duygu ve tasavvurlarını denetlemeli, anlattıklarının önce nefsinde yerleşmesine ve güç bulmasına gayret etmelidir. Uyarıcı (mürşit), muhasebesini yapmadığı meseleleri halka anlatmaktan ve tavsiye etmekten sakınmalıdır. Bu sakınma, nasihate mani teşkil etmez; aksine insanda nasihat ve uyarma hissini kamçılar, geliştirir. Nifaka düşme ve münafığa benzeme korkusu, onu sürekli ihlâs ve samimiyete doğru yaklaştırır.

Allah'ın elçisi Hz. Muhammed uyarma ve nasihati sadece lafazanlık veya diyalektik olarak ele alanlar hakkında şu ürpertici ve korkutucu beyanda bulunur:

"Ümmetim hakkında en çok korktuğum; ağzı güzel laf yapan münafıklardır!"[131]

Bu nurlu ve onurlu beyanı duyan bir kalbin titrememesi düşünülemez. Zira insan hangi pozisyonda olursa olsun, zaman zaman diğer insanlara bir şeyler anlatma, takdim etme ihtiyacını duyacaktır. Bu itibarla bu ve benzeri tehditler aslında irşâd ve tebliğin yozlaştırılmasını önleyecektir.

Bu hususta birçok tehdit unsuru olmasına rağmen, yine de yozlaşan ve nifak vâdilerinde dolaşan kimselere sıkça rastlanmaktadır. Bu tipler ulu orta durmadan laf üretirler; ancak hareket ve davranışlarıyla daha çok dinsizlere benzerler. Dinden, îmandan ve Kurân'dan bahsetmektedirler; ne var ki alınları secdesiz ve kirli, yürekleri de samimiyetsiz ve tekin değildir. Zavallı ruhlar! Bilmezler ki dinin yüzde doksanı ferdin (bireyin) kendisiyle alâkalıdır. Fert bunlara dikkat etmediği takdirde, ya kuru bir lafazan veya koyu bir diyalektikçi sayılır.

Kurân, uyarıcının (mürşitin) temel vasıflarını sıralarken bu arada, münafığın hususiyetlerini hatırlatmayı da ihmal etmez. Zira iyi bir uyarıcının neyi yapması, nelere sahip olması ne derece mühimse, neyi yapmaması ve nelerden uzak kalması da o kadar ehemmiyet arz etmektedir. Zaten Kurân da, münafıkları nitelendirip tarif ederken, müminleri bu vasıflardan uzaklaştıracak bir üslûp kullanır. Kuran, bu hususta o kadar tahşidat yaparak üze-

---

[131] Ahmed ibn-i Hanbel, Müsned 1/44.

rinde durur ki, münafıkları tâ iç mülâhazalarına, derûnî hislerine ve niyetlerine kadar deşifre ederek gözler önüne serer. Hatta bazen boylarını poslarını, bazen de huylarını ve huysuzluklarını dile getirerek tarif eder.

Meselâ şu âyetteki üslûba bakın:

"Sen onlara baktığın zaman cüsseleri beyeni uyandırır; konuşurlarsa sözlerini dinlersin. Halbuki onlar tıpkı sıralanmış kof kütükler gibidirler. Her çığlığı kendi aleyhlerinde sanarlar. Onlar düşmandır. Onlardan sakın. Allah canlarını alsın, nasıl da aldatılıp döndürülüyorlar."[132]

Görüldüğü gibi burada onlar, kendilerini ele verecek şekilde genel hatlarıyla değerlendirilip takdim edilmişler. Yani Kurân onları, edâ ve endamları, davranış ve konuşmaları ve gerdan burmaları ile öyle yakalıyor ki, dahası olmaz. Onlar çevrelerinde mimikleri, belâgat ve fesahatleri, büyüleyen parlak nutuklarıyla halkı toplamasını bilir ve sürüler gibi kitleleri arkalarından sürüklerler. Oysaki onlar, kalem ağacı veya üzerine Yemen kumaşı geçirilmiş kütükler gibidirler; daha doğrusu onlar düşmandırlar. Kurân, bütün bunları din ve diyânet adına, vatan ve millet adına laf edip duran, iş yapmayan, eski-yeni her konuşan âlim (bilge/ilahiyatcı/profesör) için söylüyor. Evet, Kurân bu gibilere ciddî bir tehdit edasıyla sesleniyor: İnanmış olduğunuz doğrular için bâtıla (yalana-yanlışa) yol vermeyin, cephenizde terslikler çıkarmayın!.. Kendi değerlerimizle olan münasebetlerimizde devlete ve kurumlarına karşı son derece saygılı olmakla beraber, Hasani duruş (feragat ve barış) hukuk çerçevesinde rehberimiz olmalıdır!

Evet, münâfıklık alâmeti olarak tarif edilen bu davranışlar, hak adına ahlâki değerleri korumakla mükellef her nasihatçi (mübelliğ/ilahiyatcı/profesör) için ürperilecek bir keyfiyettir. İnsanın farkında olmadan her an içine düşebileceği bu terslikler, herkes

---

[132] Münâfikûn Suresi, 63/4.

için söz konusudur. Dolayısıyla irşâd dairesi içinde bulunanların çok dikkatli ve titiz olmaları gerekmektedir.

Uyarıcı (mürşit/ilahiyatçı/profesör) ne kadar samimi ise, söz ve davranışları da o kadar müessir olur. Samimiyet olmazsa, anlatmadaki depdebe ve ihtişam da hiçbir netice vermez. Hatta diyebiliriz ki, bir yönüyle hidayete (doğru yola) ermenin, anlatmayla çok fazla alâkası yoktur. Bir kere, hidayet (doğru yola erişmek) evvela Allah'ın elindedir. O dilemez ve irade etmezse, hiç kimsenin hidayete vesile olması mümkün değildir.

"Sen istediğini hidayete erdiremezsin. Fakat Allah istediğine hidayet verir..!"[133] der Kuran'da Allah.

Öyle ise, asıl mesele "Sultanlar Sultanı" Yaratıcı ile irtibat içinde olmaktır. Çünkü gizli açık bütün hazinelerin anahtarı O'nun nezdindedir. Hidayet de (doğru yolda) en büyük bir hazinedir. Elbette bu hazinenin anahtarı da O'nun (Allah'ın) elindedir. Öyleyse uyarıcı (mürşit) ve nasihatçinin (mübelliğin), bütün samimiyetiyle insanlara bir şeyler anlatırken, bir yandan da sırtını her şeyin anahtarı ve dizgini elinde olan Allah'ın kudretine dayaması elzemdir. Zira, nice muhteşem dimağlar (bilge/ilahiyatçı/profesör) bu ülkeden gelip geçti de, çok seviyeli beyan ve hitabet gücüne sahip olmalarına rağmen, üç dört insana dahi ciddî bir şey anlatamadılar; çünkü bazı yanları itibarıyla samimi değillerdi, her şeyi kendilerinden biliyor ve her neticeyi de kendilerine bağlıyorlardı.

Bunlar içinde, beyanda harikulâde olanları da vardı. Bunlar binlerce insanı arkalarından sürükleyebiliyorlardı. Ancak, iki yüzlülük mağduru olduklarından hiçbir netice elde edemiyorlardı. Evet, namaz kılmadıkları hâlde namazdan bahsedenler vardı. İslâm'ı yaşamadıkları hâlde, İslâm'ın güzelliklerinden dem vuranlar oluyordu. Dilleri bülbül gibiydi ama, gönülleri kinle, nefretle, garazla çarpıyordu. İhtimâl işte bunlardan ötürü Kurân'da nifak

---

[133] Kasas Suresi, 28/56.

ve münafıklık, sukût derekelerinin en korkunç ve en iğrenci sayılmıştır. Bu yüzden samimi olan her nasihatçi, günde elli defa Allah'ın huzurunda baş koymalı ve muhtemel nifaktan (bozgunculuktan) hep O'na sığınmalı ve O'ndan samimiyet dilenmelidir. Evet, hidayet Allah'ın elindedir. İnsana beden gücünü veren O (Allah) olduğu gibi, kalbe samimiyet bahşeden de yine O'dur. Öyleyse nasihatçi (mübelliğ), bunların hiçbirine sahip çıkmamalı ve üzerine basa basa "ben yaptım, ben ettim..!" dememelidir.

İman, ifade ve amel bütünlüğü, Kurân'ın çizdiği ölçüler içinde bir mümin için en ideal şekildir. Ondaki bu dengenin korunması da, müessiriyetin (tesir gücünün) önemli bir sebebidir. "Mücahit, amel (ibadet) etmese de olur. Günahlardan kaçınmasa da doğruyu, güzeli anlatıyor ya, bu ona yeter..!" gibi düşünceler, şeytanın mırıltılarıdır ve Muhammedî ruhla hiçbir alâkası yoktur.

Nasihatçi ve uyarıcı, fıtrat (doğa) kanunlarıyla katiyen çatışmamalı; nasihat (tebliğ) ve eğitimle uyarma (irşat) teşebbüslerinde hep basireti (sağgörüyü) esas almalıdır. Zira fıtrat, tekvinî âyetlerle, yani evrendeki kanun ve prensiplerle tespit edilmiştir. Öyleyse insanlara sunulacak teklifler, tespit edilen bu doğa kanunları çerçevesinde sunulmalıdır. Yani nasihatte, insanın yaratılıştan getirdiği bazı hususiyetler nazara alınmalı ve söylenecek sözler bu ölçü ve prensipler içinde söylenmelidir. Aksi hâlde söylenen sözler ne kadar çarpıcı, ne kadar göz kamaştırıcı da olsa, muhatabımız tarafından kabul görmeyebilir. Çünkü o, bütün bunları ya hiç anlamaz veya fantezi ve ütopik bulur.

Bu hususu biraz açmakta fayda var. Meselâ; her insanda sevme ve muhabbet etme duygusu vardır. Bu duyguyu hiç yokmuş gibi görmemezlikten gelmek yanlıştır.. ve insanlara "sevmeyin", denmemelidir. Zaten dense de, hem faydası olmaz, hem de böyle bir teklif gerçekler açısından doğru değildir. Halbuki uyarıcı (mürşit) ve nasihatçi (mübelliğ), muhatabında potansiyel olarak var olan bu muhabbeti, yapacağı telkinlerle müspete (olumlu yöne) kanalize etmeli; ona fani ve geçici mahbuplara (sevgililere) bedel, sermedî ve dâimî (solmayan) bir sevgiliyi sevmesi gerektiğini öğretmelidir. Zira ondaki bu muhabbet duygusu, fanilere sarf edildiğinde bir bela olmasına mukabil, Allah'a tevcih edildiğinde, insanın o istikamette kanatlanıp pervaz etmesinin, uçmasının vesilelerinden biri hâline gelebilir. Demek ki, *"sevmeyin"* değil; *"sermedî ve dâimî bir sevgiliyi veya her şeyi ondan ötürü sevin!"* demek doğrudur. Evet böyle olunca, O'ndan dolayı diğer mahlûkatı (yaratığı) sevmek de mahzursuz olur.

Buna Yunus diliyle: "Yaratan'dan ötürü yaratığı sevmek!" denir.

Keza (aynı şekilde), her fertte inat vardır. İnat bazen insanları birbirine düşürür ve onları birer canavar hâline getirir. Günümüzde boğuşma ve didişmelerin arkasında, inadın menfî tesiri açıkça görülmektedir. Bu duygunun hakim olduğu yerde, hiddet ve şiddet; olmadığı yerde ise, denge ve ölçülü hareket vardır. Dış görünüşü itibarıyla birçok olumsuz yanları olan bu duygu, insana belli bir gaye ve hikmete binaen verilmiştir. Meselâ inat, hakta ve adâlette sebat edebilmek için önemli bir etkendir.. evet inat duygusu olmasaydı, az tazyik gören herkes, din ve diyanetten; doğruluktan ve doğrulardan döneklik edebilirdi. Demek ki, bu duyguyu müspete dönüştürdüğümüz zaman çok güzel neticeler almak mümkündür. O hâlde insanlara, "inadı terkedin" demek yerine, *"...onu hak bildiğimiz vahiy destekli doğruluklarda ve hakikat kabul ettiğimiz: "Oku..!" eksenli doğrularda sebat etmede kullanın!"* demek herhalde daha faydalı bir yoldur.

Yine insanda ebediyet ve sonsuzluk duygusu vardır. Halbuki insan, maddesi itibarıyla sonsuz değildir. Onun bir başlangıcı, bir de sonu vardır. Anne karnında sperm ve yumurtanın döllenmesiyle başlayan hayat; daha başlar başlamaz ölüm sinyalleri verdiği hâlde o, bütün bunlara rağmen içinden ebediyet ve sonsuzluk duygusunu söküp atmaya gücü yetmez. O hâlde bu duygu ona yüce bir gaye için verilmiştir. Hiç şüphesiz bu gaye ise, ebedî ve sonsuz hayatı kazanmaktır. Öyleyse insan, ebedî ve sonsuz hayatı kazanması için kendisine verilen bu duyguyu yerinde, yani ebedî ve sonsuz olarak Cennet'te kalabilmek ve Cenâb-ı Hakk'ın cemalini (lütuf ve ihsânını) seyredebilmek için kullanmalıdır. Evet o, ebet ve sonsuzluk duygusunu mutlaka bu yönüyle işletmelidir. Aksine bu duygu insana, daima çaresizliğini ve hiçliğini hatırlatan bir azap kamçısı olacaktır. Bu azap kamçısı altında kıvranıp duran bir insanın da, ne dengeli olması, ne dengeli davranması ve ne de huzur bulabilmesi söz konusu değildir.

Aynı şekilde, insanda makam ve mevki sevdası vardır. Hiç durmadan yükselme ve hedeflediği gayenin zirvesine tırmanma veya sıçrama, pek çok insanın önü alınamaz zaaflarındandır. Öyleyse mürşit (uyarıcı), insandaki bu duyguyu da keşfedip, o insana bu duygu ile hedeflenen ufku göstermelidir ki, sözleri aksülamel (ters etki) yapmasın. Evet bu duygu, insana *"Cennet mertebelerinde zirveleşmeye bir teşvik olsun"* diye verilmiştir. Ayrıca insan, dünyada da faziletli davranışların en üst seviyesine yine bu duygu vasıtasıyla yükselecektir ama, bu duyguyu ve duyguları bulma, ortaya çıkarma, onların gücünü, irşad ve uyarma adına ele aldığı kimselerin yararına kullanma, uyarıcının idrak ve basiretine bağlıdır.

Mesela bir mürşit (uyarıcı) veya bir rehber; toplumu derinden yaralayan ve toplumsal bağları parçalayan manevi-sosyal hastalıkları sadece keşfedip onların tellalı olmamalı. Usta bir hekim gibi reçetelerde sunabilmeli. Sorunları adil ve uzlaştırıcı çözümlere yönlendirebilmeli... Örneğin: Dargınları ikaz için sadece Hz. Peygamber'in hadisini okumakla yetinmemeli. Aslında maharet bu olmasa gerek... Maharet (ustalık) ise koyun olmakta ve muhtaçlara hazmı kolay halis süt sunabilmektedir...

Bu uğurda takip edilecek usul: Hadis metnini geçmiş ülemanın (bilginlerin) üzerinde ittifak etmiş olduğu nezih anlayışı;

halihazırda (günümüzde) kabul görmüş genel kanaat ve değişen şartların makul çerçevesi dikkate alınarak; temel kaynaklarla uyumlu bir terkipten oluşan kalıcı çözüm modelleri oluşturma... Ve daha sonra da toplum içerisinde güncel veya oluşmaya yüz tutmuş yaraları, Hazreti Peygamber'in şifa bahşedici soluklarıyla pansuman etmektir.

Mesela, dargınlığa sebep olan etkenlerin iyi araştırılması ve önce hasıl olmuş maddi-manevi hasarların tespit edilmesi ve bu zararların acilen giderilmesi çok önemlidir. Sadece özür dileme veya helallık almakla geçiştirmek kırılmış kalpleri düzeltmeye yetmeyebilir. Varsa hasar tespiti yapılıp, karşılıklı mutabakat zemini oluşturduktan sonra adaleti işler ve doğruluğu görünür şekilde ortaya çıkarıp, hakkaniyeti belirgin hale getirmek lazımdır. Bu aşamadan sonra da uyarıcı tarafların vicdanlarına konuşarak, aklın ve kalbin dengeli kararını sağlayıcı, vahyin evrensel ve hayat verici aydın ikliminde dargınları tekrar barışmaya ve ilişkilerini gözden geçirmeye teşvik etmelidir.

• Ebû Hüreyre anlatıyor: "Peygamberimiz buyurdular ki:

"Bir mü'minin diğer bir mümine üç günden fazla küsmesi helâl olmaz. Üzerinden üç gün geçince, ona kavuşup selâm versin. Eğer o selama mukabele ederse ecirde her ikisi de ortaktır. Mukabele etmezse günah onda kalmıştır."[134]

• Ebû Hırâş es-Sülemî anlatıyor:

Peygamberimiz buyurdular ki: *"Kim kardeşine bir yıl küserse, bu tıpkı kanını dökmek gibidir."*[135]

İbnu Abdilberr'in şu sözünü de bilmemiz faydalıdır: "Ulemâ (bilginler) üç günden fazla küs durmanın haram olduğunda icma (kollektif fikir birliği) eder. Ancak bir istisna vardır: Eğer bir kimseyle konuşmanın onun dînine bir fesad vereceği ihtimâli varsa veya bu yüzden nefsine veya dünyasına zarar verecek bir

---

[134] Ebu Davud
[135] Beyhaki

şeyin hâsıl olacağı husûsunda korkulursa, onunla konuşulmaması (mesafe konması) câiz olur. Nice güzel küsme, eza verici kaynaşmadan hayırlıdır." Bakınız, geçmiş bilginlerin genel kanaatı, meseleyi sağlıklı çözüme kavuşturma hususunda haleflere (sonradan geleceklere) nasıl ışık tutuyor...

Diğer önemli bir örnek:

"Rabbin şöyle buyurdu: Allah'tan başkasına ibadet etmeyin. Anneye ve babaya güzel muamele edin. Şayet onlardan her ikisi veya birisi yaşlanmış olarak senin yanında bulunursa sakın onlara hizmetten yüksünüp üşenme, "öff!" bile deme, onları azarlama, onlara tatlı ve gönül alıcı sözler söyle!"[136]

Bu ayetteki ilahi emir çoğu zaman tek taraflı ele alınarak yalnız ve sadece gençlere yüklenmeye vesile yapılır. Halbuki ayetin doğrudan zikretmeyip, ama muhatap aldığı diğer önemli bir değer.. olan anne ve babaların da bu ayetin çerçevesinde ikaz edilmiş oldukları gerçeği gözden kaçırılır. Ayetin mefhumu muhalifinden (karşıt anlamından) bahsedilmezse maksad tam anlaşılmaz. Mefhumu muhalif (karşıt) anlamın bir gereği olarak ayette, anne ve babalarında çocukların hukukuna dikkat etmeleri hususu nazara verilmeli ki, muhatabın gönlünde tam yankı bulsun! Bundan dolayıdır ki bir kısım hatipler.. kürsü ve hutbelerde gençlere yönelik bu ilahi ikazı yaparken, "Sakının ha! Anne ve babanıza *"öff!"* dahi demeyiniz!" haklı hatırlatmalarda bulunurlar. Ama bu tür tek taraflı yaklaşım yeterli, kapsamlı ve dengeleyici bir açıklama olmadığı için, nasihat muhatabın iç dünyasında tam hüsnükabul (akseptans) görmez!

Verilmek istenen dersin pratik ayaklarında arızalar var... Neden? Çünkü anne ve babalardan öyle kimseler var ki; çocuklarına yaptıkları akıl almaz, bed ve dengesiz muameleyi hiçbir ahlâki kurallarla izah etmeniz mümkün değildir!.. Sabır sınırını

---

[136] İsra Suresi, 17/23.

zorlayan çinsten şeylerdir bunlar... İşte bu arızalarda göz önünde bulundurularak; böyle anne ve babaların bu ayetin kapsamı içerisine çekilip ikaz edilmeleri kaçınılmazdır. Allah, omuzlara taşıyamıyacağı sorumluluklar yüklemez! İlahi kurallar karşısında herkes haddini bilecek!

Ben anne ve baba olarak çocuğuma veya evlilerse eşlerine kafama esen her şeyi yapar ve söylerim yanlış anlayışının toplum içerisinde acilen düzeltilmesi lazımdır. Ahiret eksenli bir hayat modeli sergileyen her sorumlu anne ve babanın evlatlarını *"öff!"* dedirtecek pozisyonlara zorlamamalarına özen göstermelidirler...

Beşeri münasebetleri belirleyici bir diğer önemli davaranış biçimi de helalaşmaktır! Yani özür dilemektir! Hatasını anlayan kişinin karşı taraftan özür dileme medeni cesaretini gösterebilmesidir. Yeri gelir bir özür dileme, oluşabilecek muhtemel tehlike dalgalarını kırmakla sükûnet ve selamete vesile olur... Bunlar çok zor adımlar olmakla beraber; iman etmiş her gönlün aşmakla mükellef olduğu hadikaplardır. Hele zamanında ve yerinde usulünce müdahale edebilmek, belli bir olgunluk ve kültür birikimini gerekli kılar. İnsanlardan özür dileyemeyen; Allah'tan af dilenemez! Burada da mürşitlere (uyarıcılara) çok büyük işler düşmektedir. Pratik eksenli nasihatlerin bu tür tıkanıklıkları açabileceğine inanıyorum.

Evet, ızdırap ve çile, bu yolun kaderidir. O hâlde uyarıcı ve nasihatçi, daha işin başında ızdırap ve çileye razı olmalıdır. Tıpkı peygamberlerin, sıddîklerin, şehitlerin ve tüm salih mürşitlerin rıza gösterdikleri gibi. Evet, ilâhî dâvânın kudsî hameleleri de (taşıyıcıları da) mutlaka bu zatların takip ettikleri yolu takip edecek ve onların çile adına çekip gördüklerini mutlaka görecektir. Eğer bu yol tabiî bir yol ise, bu yoldan sapma, hedef ve gayeden uzaklaşma mânâsına gelir. Gayeden uzaklaşan insana ise, uyarıcı ve nasihatçi demek doğru değildir.

Hz. Nuh bu çileyi asırlarca çekmiştir. Hz. İbrahim bu uğurda sürgün edilmiş ve yine bu uğurda ateşe atılmıştır. Hz. Musa'nın İsrailoğulları'ndan çekmediği kalmamıştır. Hz. Yahya ikiye biçilmiştir. Hz. Mesih'in yüzü tebessüm görmemiştir. Çünkü bu dâvâ (Allah'ın rızasını kazanma dâvâsı) ağırdır, bu dâvâ zordur ve bu dâvâda iradenin kavgası verilmektedir. Dolayısıyla da o, mücadelenin en çetinidir. Bu kaderi sevemeyen, bu yolda severek çileye katlanamayan insanlar, peygamberlerin gittikleri bu kulvarda (bu şeritte) iz sürüp ilerleyemezler. Bir yerde iradeleri gevşer, dizlerinin bağı çözülür ve tökezlerler...

Hâris bin Hâris anlatıyor:

Babamla Kâbe'ye gidiyorduk. Ben o gün küçük bir çocuktum. Kâbe'ye yaklaşmıştık ki, büyük bir kalabalığın, aralarına aldıkları, üzerine üşüştükleri ve durmadan dövdükleri birini gördüm. Babama kimi dövdüklerini sordum. "Bir Sâbiî'yi" cevabını verdi. Ben o gün için bunun mânâsını anlamamıştım. Ancak biraz sonra o dayak yiyen insanın Allah'ın Elçisi olduğunu görmüştüm ki, sürekli: *"Ey insanlar! Allah'tan başka ilah yoktur, deyin ve kurtulun!"* diyordu.

Haris bin Haris'in, çocukluk hafızasına yerleşmiş ve silinmeyecek şekilde onun ruhunda iz bırakmış bu tür vakalar, Mekke döneminde başta Allah'ın Peygamber'i olmak üzere, bütün Müslümanlar'ın normal hayatlarının bir yanı hâline gelmişti.. evet onların her günü hep böyle geçiyordu.

Bir defasında yine Allah'ın Elçisi'ne saldırmış ve O'nu kan revan içinde bırakmışlardı. Bu esnada kızı Fatıma koşarak gelmiş hem babasının yüzündeki kan izlerini siliyor hem de ağlıyordu. Ancak Allah'ın Elçisi o hâlinde dahi kızını teselli edip, *"Kızım ağlama, Allah babanı zayi etmeyecektir"* diyordu.

Bir başka gün Allah'ın Elçisi Kâbe'de namaz kılıyordu. İbn-i Ebi Muayt (ki kavminin en şerlisi idi) arkadan geldi ve Peygamber'in boğazına sarılarak sıkmaya başladı. Durumu haber alan Hz. Ebu Bekir oraya koştu ve: "Rabbim Allah'tır dediği için bu insanı öldürecek misiniz?" diyerek Peygamber ile onların arasına girdi.

Ve Hz. Ebu Bekir.. kim bilir kaç kere, Mekke sokaklarının herhangi bir yerinde, dayaktan dolayı baygın düşmüş ve tanıyan bir-iki kişi tarafından sürüye sürüye evine götürülüp bırakılmıştı. Gözünü açtığı zaman da, ilk sözü: "Peygamberimiz'in durumu nasıl?" şeklinde olmuştu!..

Ammar bir köşede, babası Yasir diğer bir köşede, evin kadını Sümeyye ise daha başka bir köşede vücutları dağlanırken, bu yolun kaderini tarihin mermer sütununa nakşetmiş oluyorlardı. Bilal, taşlar altında: "Ehad, Ehad.." diye inlerken, sanki bir gün Peygamberimiz'in müezzini olma liyakatinin imtihanını veriyordu. Talha bin Ubeydullah, annesi tarafından elleri-ayakları zincire vurulup, sokaklarda süründürülürken, Zübeyr bin Avvam, hasıra sarılıp yakılırken hep bu yolun rengini aksettiriyorlardı.

Bir başka tablo.. Abdullah bin Hüzafetü's-Sehmî, Romalılar'a esir düşmüştü. O'na günlerce işkence yapmış ve sonra Hıristiyanlığı kabule zorlamışlardı. Başa çıkamayınca da idam etmeye karar vermişlerdi. O, idam sehpasına doğru götürülürken ağladı. Niçin ağladığı sorulduğunda: "Vallahi, şu an da başımdaki saçlarım adedince başlarım olmasını ne kadar arzu ederdim! Keşke, öyle olsaydı da her gün birini hak namına verebilseydim. Böyle bir mazhariyete eremediğim için üzüldüm ve onun için de gözyaşı döktüm." demişti.

Birinci rivayet, onun hayat destanının böyle bayraklaştığını anlatıyor. İkinci bir rivayet ise, bu son anını şöyle resmediyor:

Abdullah bin Hüzafe, mert adımlarla ve tebessüm eden bir çehre ile idam sehpasına doğru ilerlerken, onu, seyretmekte olan bir papaz hemen yanına yaklaşıyor ve yanındaki askerlerden onun adına birkaç dakika müsade istiyor. Sonra da Abdullah bin Hüzafe'ye hitaben, "Evladım, bak biraz sonra idam olacaksın. Senin için birkaç dakika izin istedim. Eğer bu esnada sana hak din olan Hıristiyanlığı anlatabilirsem, dünyan gitse de âhiretini kazanacaksın. Belki de senin bu davranışın kralın hoşuna gidecek ve seni affedecektir.." dedi. Abdullah bin Hüzafe, vakûr ve ciddi bir eda ile ona şu mukabelede bulundu:

"Aziz peder! Şu an da sana nasıl teşekkür edeceğimi bilemiyorum. Eğer dinim müsade etseydi ellerinden öperdim. Çünkü sen beni büyük bir dertten kurtarmış oldun. Kimseye bir şey anlatamadan ölmem çok ağrıma gidiyordu. Halbuki şimdi sen bana bu fırsatı verdin. Eğer bu birkaç dakika içinde sana hak din olan İslâm'ı anlatabilirsem, ölsem dahi gam yemem. Zira, ihtimal ki bu senin ebedî hayatının kurtulmasına vesile olur!.." Papazla beraber orada bu sözleri dinleyen herkesin çenesi bir karış aşağıya düşer. Zira ondaki bu tebliğ (nasihat) aşkına hiç biri akıl erdiremez.

Evet, nasihatçinin her zaman şevk ve iştiyak ateşi, batmayan bir güneş gibi olmalıdır ve etrafı aydınlatma, onun hayatının gayesi hâline gelmelidir. Muvaffakiyete (başarıya) giden yol, ızdırap ve çileden geçer. Iztırarî ve zorunlu çile bittiği zaman da, ihtiyarî çile başlar. Misal mi istiyorsunuz? İşte misali;

Medine'de, beytü'l-mal (devlet hazinesi) ganimetlerle dolup taşarken, Peygamberimiz ihtiyarî çilesini yaşıyordu. Bazen bir hafta geçiyor da O, ağzına tek lokma koymuyordu. Ebu Hureyre anlatıyor: "Bir gün Allah'ın Elçisi'nin saadet hücresine girdim. Baktım oturarak namaz kılıyor. Namazdan sonra: "Ey Allah'ın Peygamber'i, hasta mısınız?" diye sordum. *"Hayır ya Ebâ Hureyre, hasta değilim; ama açlık ben de derman bırakmadı"* buyurdular. Ağlamaya başladım. *"Ağlama Ebu Hureyre! Kıyamet günü, azabın şiddetlisi, dünyada açlık çekenlere isabet etmez!"* diyerek beni teselli ettiler."

İşte bütün ihtişamıyla İslâm, böyle bir hayatın temelleri üzerine kurulmuştu. Ve yeniden o gönüllere taht kuracaksa, yine aynı ruhu yaşayan ve temsil eden alperenlerin omuzları üzerinde kurulacaktır. Yoksa bu büyük iş, kalem efendilerinin, bilmem ne.. beylerinin ve çilesiz yeni türemişlerin yapabilecekleri iş değildir.

Bu küllî hakikati Hz. Lokman'ın oğluna yaptığı tavsiyede, daha doğrusu büyük dâvânın büyük temsilcisi olan gençlere yaptığı tavsiyede görebiliriz. Kurân, O'nun bu öğüdünü ebedî bir düstur olarak tespit eder ve bizlere sunar:

"Ey oğul! Namazını dosdoğru kıl. Emr-i bi'l-ma'ruf, nehy-i ani'l-münker yap! Başına gelen belalara da sabret. Muhakkak bunlar dayanılması gereken zor işlerdir!"[137]

Demek ki âyetin ifadesiyle namaz kılan, *"emr-i bi'l-ma'ruf, nehy-i ani'l-münker"* yapanın, yani iyilikleri emredip kötülüklerden sakındıranların başına bela ve musibetin geleceği muhakkak.. evet bir bakıma bunlar, aynı hakikatin ayrı yüzleri gibidirler. Bunlardan birini yapan, bu hakikatin sadece bir yüzünü, ikisini birden yapan da her iki yüzünü yakalamış ve Hakk'a ulaştıran doğru yola koyulmuş demektir. Buradaki hakikatin ise, üç yüzü var ve tam tekmil insan olma da bu üçünün birden temsiline bağlıdır. Bence, büyüklerin yolu da işte bu yoldur. Bu itibarla da, nebilerin (peygamberlerin) dâvâsını omuzlamaya aday ve namzet olanlar, aynı yolun yolcusu olmalıdırlar. Başka türlü davrananların yaptıkları ise, sadece bir maceradan ibarettir. Ne zaman, nerede ve kimin hesabına biteceği belli olmayan böyle maceralara sürüklenmekten her zaman Yaratıcı'ya sığınılmalıdır.

Fıtrat kanunları ile çatışmama, basiret ve firaseti esas alarak tebliğ ve irşâd yolunda yürüme, o işte istihdam edilecek şahısları bilip tanıma çok önemli hususlardır. Bu mevzuda bize en güzel örnek de yine Allah'ın Elçisi'dir. O'nun peygamberliğine de-

---

[137] Lokman Suresi, 17/31.

lil olan hususlardan biri (ki konumuzla da yakından alâkalıdır) her insanı, o insanın istîdat ve kabiliyetine uygun bir hizmette değerlendirmesidir. Bu da O'nun, insanları tanımadaki beceri ve peygamber mantığının alâmetidir. Kime ne vazife vermişse, o hususta hiç geriye adım atmamıştır. Bütün hayatı boyunca gösterdiği bu isabet, O'nun peygamberliğinin en önemli şahitlerindendir. Meselâ Hassan bin Sabit'i, kâfirlere karşı söz düellosunda kullanmıştır. Hassan, her mısrasını zehirli bir ok gibi fırlatmış ve karşısındaki insanları her defasında mat etmiştir. O aynı Hassan bin Sabit, harp meydanında kullanılsaydı ve orada ona kumandanlık verilseydi, belki mısraların kavgasında bunca başarılı olan bu sahâbi, kılıçların kavgasında hezimete sebebiyet verebilirdi.

O'nun irşâd (insanları doğru yola davet) için gönderdikleri ise Musab bin Umeyr, Muaz bin Cebel, Hz. Ali ve benzeri sahâbilerdi. Onlar da gittikleri her yerde irşâd adına baş döndüren bir muvaffakiyet sergiliyorlardı. Ama aynı iş Halid'e verilseydi, ihtimal Halid bu işi o ölçüde temsil edemeyebilirdi. Çünkü O, harp meydanlarında arslanların ödünü koparmak için yaratılmıştı. Allah'ın Elçisi de onu hep öyle yerlerde istihdam buyurmuşlardı.

Fertleri kabiliyetlerine göre yönlendirme, bir uyarıcının en mühim hususiyetlerindendir. Bu da insan fıtratını yakından bilmeye bağlıdır. İnsanı zaaf ve faziletleriyle tanıyıp ona göre davranmayanların muvaffakiyetleri her zaman münakaşa edilebilir... Ayrıca, her insanı yerli yerinde kullanmadıkça, insan israfının önünü almak da mümkün değildir. Uyarıcı, basiretiyle bu işin üstesinden gelen insandır. O, fıtrat kanunlarına uygun hareket etmekle hem en ağır işlerin üstesinden gelebilir, hem de başarılarında, güç ve kuvvetinin çok önünde bir hıza ulaşır.

Günümüzde bir sürü fantastik, modernist kafa ve düşünce zuhur etti. Üstelik bunlar, beyazı kara gösterecek kadar da cerbeze gücüne sahipler. Sağda solda, hep İslâm'ı anlatıyorlar, ama görüyoruz ki arkalarında bir avuç bile hâlis mümin yok. Çünkü bunlar samimi değiller. Çok şey söylüyorlar, çok şey anlatıyorlar, hatta mücadele de ediyorlar. Ama, söyledikleri ölçüde îmanı ve İslâm'ı içlerine sindirememişler. Hayatları ve yaşadıkları dünya itibarıyla, Batı'nın doğrularına değil, bâtıl sistemlerine motive olan bu insanlar, yığınları irşâd edip uyaralım derken onları yabancılaştırıyorlar. Aynı zamanda kendilerini de, kendi cemiyetleri içinde yabânî duruma düşürüyorlar. Bütün bu tersliklerin ana sebebi, İslâm'ı bilmemek, O'nu okuyup düşünürken yaşayamamak.. yani mücadelesini verdikleri dâvâya, tutarsız hareketleriyle bir nevi gizli muhafelet ya da ihanet etmek!..

Bakın Kurân-ı Kerim Hz. Şuayb'ı nasıl konuşturur:

"Ben sizi menettiğim şeyde, size muhalefet etmek istemiyorum."[138]

Bunun mânâsı:

"Sizi fenalıktan alıkoyup da kendim ondan faydalanmayı düşünmüyorum. Faiz haramdır derken, kendim faiz yemeyi ve rüşvet haramdır derken rüşvet almayı düşünmüyorum" demektir. Hz. Şuayb, içinde yaşadığı cemiyeti anlatırken, kendi doğruluğunun bir teminatı olarak bunları söylüyor. Her peygamberin doğruluğunun teminatı da bu değil midir? Ümmetine söylediğinin aksini yapan bir peygamber gösterilebilir mi? Veya böyle davrananlar hiç peygamber olabilir mi?

Elbette, irşâd (değerler etrafında uyarma) vazifesi yapan herkes için de bu mülâhazalar (düşünceler) vazgeçilmez hususlardır. Evet, Hz. Şuayb yaşadığı cemiyetle yaka paça olurken, bize de bir şeyler anlatıyor; dâvâ ve uyarma adına mühim esaslardan bahsediyor. Kurân'da o eskimez ve pörsümez beyanıyla bunları bir kere daha ortaya koyuyor.

Peygamberimiz'de, söylediğinin birkaç mislini yaşayan devasa bir ruhtu. Kullukta O'nun üstüne yoktu. O'na peygam-

---

[138] Hud Suresi, 11/88.

berlik ve nübüvvet verilmişti. Bu paye (rütbe ve derece), hiçbir paye ile kıyas dahi edilemeyecek kıymeti haizdir. Ancak O, yücelere pervaz ederken, kulluğu ile kanatlanıp yükselmişti. Yani O'nun kulluğu, âdeta bir iç derinlik olarak peygamberliğinin önüne geçmiş ve O'na mukaddime olmuştu. Zaten Kurân-ı Kerim de O'na böyle davranmasını emretmiyor mu?

"Yakîn (ölüm), sana gelinceye kadar kulluğa devam et, Rabbine ibadette de bulun!"[139]

O da, bütün hayatı boyunca Kurân'ın bu emrine uydu ve bir an dahi kulluktan dur olmadı. Onun içindir ki, O'nun söylediği her şey maşerî vicdanda yani toplumun genel hissiyatında yankı buluyordu. O, yaşadığını; hem de en ağır şekliyle yaşadığı şeyleri söylüyordu. İşte misali, Hz. Âişe validemiz anlatıyor:

Bir gün Allah'ın Peygamber'i bana: *"Ya Âişe, müsade eder misin bu gece Rabbimle beraber olayım?"* dedi. Ben de: "Ey Allah'ın Elçisi! Seninle olmak hoşuma gider, fakat senin hoşuna giden şey daha çok hoşuma gider!" dedim. Bunun üzerine kalktı, abdest aldı ve namaza durdu. O gün sabaha kadar gözyaşı döktü ve namaz kıldı.

O bir peygamberdi şüphesiz. Bir elçi, bir hatip ve bir mürşidti (uyarıcıydı). Ve O'nun en derin yanı da, kulluğundaki ulaşılmaz derinlikleriydi. O, hayatının o acılı, ızdıraplı, hastalıklı son dönemlerinde bile, önceden başlayıp da o güne kadar devam ettirdiği ibadetleri aynen devam ettirmek istiyordu. Halbuki çok zor oturup kalkabiliyordu. Hayatı boyunca pek çok ızdırap çekmişti. Zevcelerinden çocuklarına kadar bir sürü hususî derdi vardı. Ayrıca, bütün ümmetinin dünyevî-uhrevî dertleri de O'nun omuzlarındaydı. Bütün bunlardan ötürü elbette maddî güçten ve kuvvetten düşecekti. Zaten O'ndan başkası, O'nun çektiğine bir gün bile dayanamazdı. İşte bütün bunlara rağmen O, başlattığı nafile iba-

---

[139] Hicr Suresi, 15/99.

detleri dahi terke yanaşmıyordu. Bu namazlar öyle namazlardı ki, bazen bir rekatı bile saatler alıyordu. Ayağa kalkmaya dermanı olmadığı için de, onları oturduğu yerden kılıyor ve yine de terketmiyordu. Bu ne ciddiyet, bu ne vakar, bu ne samimiyet, bu ne ahde vefaydı (sözünde durmaydı) böyle!.. Evet, "yakîn" gelinceye kadar, yani ölüme kadar, mahşere kadar, ebede kadar sürecek bir ciddiyet ve vefa örneğiydi Hz. Peygamber.

Evet irşâdın önemli bir yönünü de, Allah'a karşı olan bu yakınlık oluşturuyor. Zaten, bu yakınlık olmazsa, insan hep havada ve boşlukta yaşar. Böyle kaygan bir zeminde boşluğa basan insan, sadece ve sadece kendi haz ve zevkleriyle kalır.

Allah'a yakın olmayı, irşâd ve uyarma ile en güzel bir şekilde birleştiren Peygamber Efendimiz'dir. O, irşâd ve uyarma vazifesinde ne kadar kusursuz ise, Allah'a kurbiyetinde de (yakınlıkta da) o derece derin ve kusursuz idi. Çok defa namaza durduğunda onu öyle eda ederdi ki, arkasındakiler neredeyse namazın hiç bitmeyeceğini sanırlardı. Duâ ve niyazı öyleydi. Duâya kalkan elleri, bir daha inmeyecek gibi kalkardı.

Bir defasında İbni Mesud, O'nun kıldığı nafile namazlarından birine denk gelmişti. Allah Resûlü'nün kıldığı namazın bereketinden istifade edebilmek için hemen o da namaza durmuştu. Hâdisenin bundan sonrasını bizzat kendisinden dinleyelim: "Namaza durdum. Bütünü iki rek'at namazdı. Fakat Peygamberimiz okudukça okuyordu. Bakara sûresini bitirdi. Ben artık rükuya varır dedim. Fakat O, Âl-i İmran'ı okumaya başladı. Onu bitirdi, yine rükuya varacak zannettim, bu sefer de Nisâ sûresini okumaya durdu. Onu da bitirdi. Artık rükuya varır diye düşünüyordum ki, Mâide sûresine başladı. Ve onu da bitirdi. İlk rekatta bu dört sureyi birden okudu. Hatta bir ara aklıma kötü bir şey geldi..."

Yanındakiler İbn-i Mesud'a sordular:

"Aklına ne geldi?" O (İbn-i Mesud), "Bir ara namazdan çıkmayı düşündüm, çünkü dayanılacak gibi değildi..!" dedi.

Görüldüğü gibi insanlara kulluktan bahseden Peygamberimiz, evvela bu kulluğu herkesten ileri bir seviyede kendisi yaşıyor.. evet O, bu mevzuda öyle ileri idi ki, İbn-i Mes'ud gibi en ileri safta bulunan bir sahâbi dahi, O'nun kıldığı iki rek'at namaza dayanamıyordu.

Yine O, son anlarını yaşadığı zaman diliminde, ufûle ve batmaya yüz tutmuş bir güneş gibi başını Hz. Âişe'nin dizlerine koymuş ve gözlerini *Mele-i Âla'ya,* yani yüceler Yücesi'ne dikmişti. Çok yorgun ve mübarek simasında artık ahiret rengi dalgalanmaktaydı. Ara sıra bayılıp kendinden geçiyor.. başından bir kova su döküyorlar, yeniden kendine geliyor ve gözlerini açıyordu. Gözlerini açar açmaz da ilk sorduğu şey: "Cemaat namazı kıldı mı?" oluyordu. Evet O (Hazreti Muhammed), namaz diye diye yaşamış ve namaz diye diye vefat etmişti. Cemaat de namaz diyordu. Namaz düşünüyordu ve namaz duygusuyla dopdolu yaşıyordu.

İşte her yönüyle örnek bir insan, her yönüyle mükemmel bir imam, muhteşem bir reis, âdil ve sabırlı bir devlet başkanı!..

Peygamberimizin mütevâzı yaşantısı ve her mevzuda ashâbıyla (arkadaşlarıyla) beraber olması, irşâd ve uyarma adına gözden ırak tutulmaması gereken önemli hususlardandır. Mescit mi yapılacak, O herkesle beraber kerpiç taşır; hendek mi kazılacak, elinde manivela taş kırar ve arkadaşlarına yardımcı olurdu. Evet O, *"İnsanlardan bir insan olun!"* buyurur ve bunu da fiilen yaşardı.

İnsanları dünyaya karşı zahit olmaya, doygunluğa, gönül tokluğuna ve mevcutla yetinmeye davet etmişse, bu mevzuda kendisi herkesten ileri olmaya çalışırdı. Bazen O'nun evinde, aylar geçerdi de, çorba pişirmek için bir ocak yanmaz ve üzerinde uzanıp istirahat edeceği bir yatak bulunmazdı.

O, harama karşı da herkesten daha titizdi. Hz. Hasan ağzına sadaka hurmalarından birini alınca çok heyecanlanmış ve hemen koşarak onun ağzından hurmayı çıkarıvermişti. Halbuki Hz. Hasan, o gün beş-altı yaşlarında bir çocuktu. Ama sadaka, hem Peygamberimiz'e, hem de O'nun soyundan gelenlere haramdı.

Yine bir gece sabaha kadar uyuyamamış ve inleyip durmuştu. Hz. Âişe sabah olunca: *"Ey Allah'ın Elçisi! Bu gece rahatsız mıydınız, hiç uyumadınız?"* dedi. O'nun bu sualine Peygamberimiz: "Odada bir hurma buldum, ağzıma attım. Sonra da onun bir sadaka hurması olabileceği ihtimali aklıma geldi. Izdırabımın sebebi buydu." demişti. Oysa o hurma büyük ihtimalle şahsî hurmalarıydı. Zira sadaka hurmalarını o ayrı bir yere koyuyordu. Evet O'nun bu hassasiyeti, kâmil bir mümin ve kâmil bir mürşitte (uyarıcıda) olması gereken vasıflar açısından çok çarpıcı bir misaldir.

Bütün bunları zikrettikten sonra, Efendimiz'in bir de duâ yönü vardı. O, ashabına ve bütün ümmetine duâ ile bütünleşmelerini söylüyor ve:

"Duânız olmazsa ne ehemmiyetiniz var!"[140] mealindeki âyetlerle onları ikaz ediyordu. Yatarken, kalkarken, bir şey yiyip içerken, elbiselerini giyerken, helaya girip-çıkarken, abdest alırken.. o kadar çok duâ okurdu ki, dünyada duâ ile bu kadar bütünleşen ikinci bir şahıs göstermek mümkün değildir... Evet, attığı her adımında Allah'ı hatırlayan, O'na iltica eden, her şeyde O'nun rızasını gören bir başka insan yoktur.

Bu nadide ve ibret dolu hayattır ki, on dört asır İslam dünyasında hemen her seviyeden insanın dikkatini çekmiş ve O, hep ilgi ve alâkayla takip edilmiştir. Ve bu alâka, yeryüzünde başka hiçbir insana da nasip olmamıştır. Yemesinden içmesine, giyinmesinden oturmasına, konuşma tarzından üslûbuna, içtimâî ve siyasî tavırlarından devletler arası protokol ameliyelerine ka-

---

[140] Furkan Suresi, 25/77.

dar bütün hayatı toplumsal bilinç ve toplumsal hafızada kaydedilmiş ve bu muhteşem hayat, mümin toplumların varlığının sigortası olmuştur.

Hz. Peygamberin kutlu hayatatlarında emniyet şeridinin her karesi Yaratıcı'yla irtibatlıdır. O'nun bu irtibatında kopuk tek bir kare, tek bir boşluk yoktur. Çünkü O'nun her davranışı ibadet ve kulluktan, yiyip içmeye, ondan yatıp kalkmaya kadar Allah ile irtibat içinde geçmiştir. Böyle olduğu içindir ki, bütün söyledikleri ve bütün davranışları Peygamber'in arkadaşları olan "sahâbe" arasında makes bulup yankılanmıştır.

Evet, sahâbe de dinî hayatı yaşama mevzuunda gördüğümüz hassasiyet, asıl itibarıyla Hz. Peygamber'in gösterdiği hassasiyet ve incelikten kaynaklanıyordu. Çünkü onlar mübelliğ; nasihatçi ve mürşitlerini, uyarıcılarını öyle görmüşlerdi:

"Ey îman edenler! Allah'tan hakkıyla ittika edin (korkun)!"[141] mealindeki âyet nazil olunca, sahâbe yemeden içmeden kesildi. Azametine uygun olarak Allah'tan korkma nasıl mümkün olabilirdi ki!.. Ve hemen âyetin devamında:

"Siz ancak Müslüman olarak ölün"[142] deniyordu ki, bu da Allah'tan böyle korkulmazsa Müslüman olarak ölmenin çok zor olacağına işaret ediyordu.

Bu itibarla da hiç kimse çarşı pazara çıkmıyor, sadece namaz vakitleri mescide geliyor ve sonra da evlerine kapanıp ibadet ediyor ve bütün günlerini kullukla geçiriyorlardı. Beş on gün sonra hepsi de incelmiş, süzülmüş, ölecek hâle gelmişlerdi ve Peygamberimiz'de bu durumun farkındaydı. Fakat onlardaki bu ani değişmenin sebebini bilmiyordu. Onlar da dertlerini söylemiyorlardı. Emre muhalefet etmiş olmaktan korkuyorlardı. Daha sonra bir âyet daha nazil oldu.

---

[141] Âl-i İmrân Suresi, 3/102.
[142] Âl-i İmrân Suresi, 3/102.

"Allah'tan gücünüz yettiği nispette korkun"[143] deniyordu. Bu âyetin nüzulünden sonra sahâbe biraz nefes almış ve rahatlamıştı. İşte sahâbe, Allah'ın âyetleri karşısında bu kadar hassas ve onlarla böyle iç içe yaşıyordu. Çünkü; zimamdarları, yöneticileri ve rehberleri böyle idi. Aslında bu hâl daha sonraları da iki-üç asır hep bu derinlikte devam etmiştir.

Şurası da katiyen bilinmelidir ki, en küçük teferruatına kadar yaşanmış ve hayata mal olmuş İslâm'ı anlama ve yaşama tarzı, sahâbe hassasiyeti içinde ele alınmadıkça, tebliğ (nasihat) vazifesi hakkıyla yerine getirilmiş sayılmaz.

İnanmış gönüllerin diğer sorumluluklar gibi, "tebliğ ve nasihat" vazifesi de ayrı bir konu olarak ele alınıp işlenebilir. Ancak diğer mevzulardan farklı olarak "tebliğ ve nasihat" meselesi yine de hususiyet arz eder. O, hayatın içinde ve hayatla beraber olmalı, yaşanmalı, öyle anlatılmalı; farazî ve hayal edilen tasavvurlar üzerine bina edilmemelidir. Kaldı ki, bu ve bunun gibi nice konularda bizlere on dört asırdan bu yana yaşadıkları hayatları ile ışık tutan ışık şahsiyetler, hep böyle davranmışlardır. Allah da onları, gösterdikleri samimiyet ve ihlâslarından dolayı muvaffak kılmıştır.

Dolayısıyla bizler de tıpkı onlar gibi başarılı olmak istiyorsak ve bu uğurda yapacağımız bir şey varsa, o da; onların izinden gitmek olsa gerektir.

İşte Hz. Ömer. O, şehadeti esnasında sinesinden yediği hançerle koma hâlinde uzanmış yatarken tabiî ne bir şey yiyor, ne de bir şey içiyor. O'na hizmet eden sahâbi dostları: "Ya Ömer! Bir şey yemek içmek ister misin?" diye sorunca Hz. Ömer gözüyle *"hayır"* işareti yapıyordu. Yani ağzını açacak kadar dahi dermanı yoktu. Ancak aynı sahâbi, onun kulağına ağzını verip: "Ömer! Namaz vaktidir!" diye fısıldayınca, o komadaki insan bir-

---

[143] Teğâbun Suresi, 64/16.

den doğruluyor ve: *"Namazım"* diyordu. Çünkü O, Peygamberimiz'den böyle görmüştü. Evet o büyük insan, namazda hançerlenmiş ve namaz diye diye de vefat etmişti.

Bu konuda bir diğer misal müminlerin annesi Hazreti Âişe'den. Bir gün, o ağlıyor. Allah'ın Peygamber'i niçin ağladığını sorunca: "Cehennemi hatırladım, onun için ağladım" cevabını veriyor. Neden? Çünkü o, her gece Allah'ın Elçisi'ni böyle görmüş ve böyle tanımıştı. Evet, Allah'ın Peygamber'i onu böyle pratik eksenli nasihatle yoğurmuş ve terbiye etmişti.

Konu, sadece namazı tebliğ etmek değildir. Onlar namaza gösterdikleri hassasiyeti, sair dini ve imani şartlar için de gösteriyorlardı. Çünkü onlar da Peygamberimiz gibi birer tebliğ ve nasihat insanıydılar. Öyle ise, dini hayat O'nun gibi ve onlar gibi hassas yaşanmalıdır ki tebliğ ve nasihatte tesirli olabilsin.

Ayrıca, uyarma ve nasihatte bulunma meşgale ve külfeti, hiçbir zaman bizi diğer amellerde gevşekliğe sevketmemeli; aksine şevkimizi kamçılamalı ve söylediklerimizi muhataplarımızdan daha derin bir iştiyakla yerine getirmeliyiz ki, inandırıcı olabilelim. Evet, değişik durum ve davranışlar, sözü amelini ve eylemini doğrulamayan tavırlar, bir aldanmışlık ifadesi ve insanın kendi itibarının tahribi demektir.

Peygamberlerin serveri ve reisi Hz. Muhammed'e bakınız: O, bir sürü meşgalesi arasında, dini yaşamada en küçük bir ihmal göstermiyordu. Yirmi üç sene gibi kısa bir zamanda koskocaman bir devlet kurmasından ümmetinin bütün fertleriyle yakından alâkadar olmasına, ondan da kendi aile fertlerine ait bütün problemlerle bizzat ilgilenmesine kadar, dünya kadar işle meşgul olmasına rağmen, amelinde zerrece eksilme veya aksama olmuyordu. Hatta, fetih ve muzafferiyetlere karşı Yaratıcı O'nun daha çok istiğfar ve duâ etmesini istiyor, O da hep Rabbinin emri gereğince hareket ediyordu.

Hz. Ebu Bekir, irtidat (dinden dönme) hâdiselerine karşı en amansız kavgasını verirken ve gece gündüz ızdıraptan şakakları (başı) zonklarken, asla gece namazından taviz vermiyor, gözyaşları içinde Kurân tilâvetini (okumayı) aksatmıyordu.

Hz. Ömer, koskocaman Bizans ve Sasani İmparatorluklarını dize getirmişti ama, nefsini dize getirmekten de hiçbir zaman geri durmamıştı.

Hz. Osman, onca fitne ile uğraşırken, yine nafile orucunu tutuyor, doyma bilmeden Kurân'ını okuyordu. Zaten son nefesini de bu hâl üzere vermiş ve şehit olmuştu. Hatta o gün aynı zamanda oruçluydu. Şakaklarından akan kan, okumakta olduğu mushafın (Kuran'ın) sayfalarına ebediyet ve sonsuzluk mührü gibi damlıyordu. Zaten kanın, üzerine isabet ettiği âyet de oldukça manidardı. Âyet sanki ona: *"Allah sana yeter"*[144] diyordu.

Hz. Ali harp meydanlarının Haydar-ı Kerrar'ı idi. Bu döne döne savaşan arslan demekti. Ama onun geceleri de hep secdede kıvranmakla geçiyordu. O, ezan okunduğunda sararır, solar ve sıtmalı gibi titrerdi. Ve bütün bu insanlar aksatmadan irşâd ve uyarma vazifesi yaparlardı.

Evet, irşâd (peygamber yolunda insanları eğiterek uyarma) ve tebliğ (peygamber usul ve yöntemiyle nasihat etme) vazifesinde bulunan kimse, hangi yaşta olursa olsun ve hangi mesleği icra ederse etsin, dediğini yapma mevzuunda ciddî ve samimi olmalıdır. Bu insan tekkede bir şeyh, camide bir imam veya vaiz, mektepte bir muallim olabileceği gibi, bir işyerinde amele, işçi veya bir okulda öğrenci de olabilir. Herkes içtimaî, ilmî ve fonksiyonel durumuna göre bu sorumluluğu yerine getirmeli ve bu vazifeyi kusursuz eda etmelidir.

İrşad ve tebliğ vazifesi yerine getirilirken konu ne kadar önemli ise, uyarıcı ve nasihatçinin samimi ve hâlis olması da o

---

[144] Enfâl Suresi, 8/63.

kadar önemlidir. Mürşidin ve uyarıcının samimiyetini gösteren en önemli işaret de, söylediklerini vicdanının derinliklerinde duyması ve onları en mükemmel mânâda yaşamasıdır. İhlâs ve eyleme ya-kınlığı olmayan nasihat, ne denli başarılı olursa olsun sığdır ve tutarsızdır; tesiri de ya hiç yoktur veya kısa vadelidir.

Ayrıca bu işin âhireti alâkadar eden bir yönü de vardır ki, o da Cenâbı Hakk'ın (Yaratıcı'nın) azap etmesidir. Allah Resûlü (Allah'ın Elçisi) bu durumla ilgili olarak âhirete ait bir tabloyu bizlere şöyle anlatır: *"Miraç gecesi bir cemaate rastladım. Onların dudakları ateşten makaslarla kesildiğini gördüm. Onlara kim olduklarını sordum. Bana şu cevabı verdiler: Biz dünyada iken marufu ve iyilikleri emreder fakat yapmazdık; münkerden ve kötülüklerden sakındırır ama yapardık."*

Evet, tablo ortada.. irşâd ediyorum derken, kendini unutan ve âleme söylediklerini kendi tatbik etmeyen insanların durumu işte budur. Bugün, diyalektik yapan değil; bildiğini ve söylediğini yaşayan insanlara ihtiyaç vardır. Evet, kurtuluş ufkumuzda düğümlenmiş ukdeleri (düğümleri) ancak bunlar çözebilir. Kitap yüklü bineklerin veya gece gündüz konuşan laf ebelerinin, milletin kurtuluşu hesabına verecekleri hiçbir şey yoktur. Medeniyetler yıkılırken kütüphanelerde yüzbinlerce cilt kitap vardı. Ama bu kitaplar koca koca devletlerin yıkılmasına mani olamadı. O kütüphanelerdeki kitaplarla, bir insanın hafızasına istif edilmiş malumatlar yükü arasında keyfiyet açısından hiçbir fark yoktur. Esas olan, bir insanın bildiklerini tatbik edip etmediğidir.

Bir hadîste bu hususa işarette bulunulmaktadır. İki cihanın Efendisi şöyle buyururlar: *"Ümmetim için en çok korktuğum, âlimlerin nifakı (iki yüzlülüğü), münafıkların da cidalidir."*[145] Evet, âlim iki yüzlülük yapar, münafık da cerbeze ve diyalektikle etrafındakilerini aldatırsa, işte o zaman bu ümmetin sonu gelmiş de-

---

[145] Ahmed bin Hanbel, Müsned, I, 22.

mektir. Uyarıcı ve nasihatçi durumunda olan herkesin bu noktaya çok dikkat etmesi lazımdır. Ne yazık ki irşâd vazifesinde, gerek fert, gerekse müesseseler ve kurumlar olarak çok defa gözden kaçırdığımız en önemli açığımız da işte budur. Allah'ın bizlerle olan muamelesini düşünürken, bunu hatırlamada da yarar olacak.

İrşad bir ekip işidir ve ancak uzmanlaşmış kişiliğe sahip kimselerin rehberliğinde taşınabilecek bir sorumluluktur. Rastgele nasihatlerle olgunlaşacak bir iş değildir. Allah'ın izni ve yardımıyla eldeki imkanlar yerli yerinde kullanılırsa, ümit edilir ki, mevsimi gelince meyvesi de toplanır.

İrşad ve tebliğin dindeki yeri ve ehemiyetiyle alakalı hususları tekrar ana başlıklarıyla ele alacak olursak:

Allah'ın dinine yardım edene Allah da yardım eder. Doludizgin kendini hizmet etme adına irşad (uyarma) faaliyetlerine kaptırmış ve bu şekilde mukavelenin bir tarafını yerine getirmiş genç, ihtiyar, kadın, erkek, talebe ve hoca her meslek erbabından ve her yaştan insanlara karşı, Allah da mukavelenin (anlaşmanın) diğer tarafından şunu diyecektir:

"Eğer siz Allah'ın dinine yardım ederseniz; o dine tercüman olup, gönüllere duyurma yolunda ahdinize (sözünüze) sadık kalırsanız, Allah da muhakkak size yardım eder!"[146]

Siz iman ve Kuran'a sahip çıkıp, bu değerlerin ayaklar altında payimal olmaması için çalışırsanız, Allah da sizi şeytanın ve nefsinizin ayakları altında bırakmaz ve payimal etmez. Karşılıklıdır bu; yaparsan o da yapar; koşarsan o da koşar... Hem de nasıl..?

Hadisin beyanıyla:

---

[146] Muhammed Suresi, 47/7.

"Kendi'ne (Allah'a) bir karış yaklaşana Allah bir adım yaklaşır; yürüyerek gidene koşarak gelir; bir elini uzatana iki elini uzatır."[147]

Vefa gösterip, Allah'ın dinine omuz verdiğimiz sürece, Allah'ı da bize karşı vefalı bulacağız. O, bizi şeytanın vesveseleri ve nefsimizin arzularıyla başbaşa bırakmayacaktır. O, bizi yad ellerde bozulmaya, sönmeye, çürümeye ve ruhen ölmeye terketmeyecek ve *"Kullarım!"* diyecektir.

Şu bal şerbet söze bakın:

"Evfu biahdi ufi bi ahdiküm: Siz bana karşı sözünüzde vefalı olun; Ben de sözümde vefalı olayım!"[148]

Siz, Allah'ın dinine yardım ettikten sonra, O'nun da şeytanı size musallat edip, sizi batırması olacak şey midir..? Siz aşkla ve şevkle kalkıp gönüllerde Allah'ın duyulması ve gönüllerin Allah ile oturaklaşması istikametinde yüreğinizi parçalarcasına koştururken, terleyip yorulurken, zanneder misiniz ki Rabbiniz, bilmeyerek sürçüp işlediğiniz günahları yüzünüze vuracak, sizi bataklıkta ve şeytanın elinde bırakacak ve hasenatınızı (sevaplarınızı) bire bir yazacaktır! Hayır, kandan irinden deryaları geçiyor gibi, kalbinizle duygularınızın örselendiği günah iklimlerinde; günah atmosfer ve ortamında o sizi nefsani isteklerinizle başbaşa bırakmayacak ve yardımını mutlaka gönderecektir. Her şeyden önce bizi yoktan yaratıp, hadsiz nimetlerle donatan yüce Rabbimiz bu vazifeyi yapıp yaşatmamızı emretmektedir:

"Sizden iyiye, doğruya çağıran, çirkinlik ve fenalıktan men eden bir cemaat olsun! Siz, insanların salahı, iyiliği için ortaya çıkarılan, iyiliği emredip kötülükten alıkoyan ve Allah'a inanan en hayırlı ümmetsiniz! İnsanlara şahid ve orta ümmet... Can yakıcı azaptan kurtarıcı yol, Allah'a Peygamber'ine iman ve Allah yolun-

---

[147] Buhari, Tevhid 50; Müslim, Zikr 2, (2675); Tirmizi, Da'avat 142, (3598).
[148] Bakara Suresi, 2/40.

da mal ve canlarınızla mücadele ve mücahede etmenizdir; en kazançlı yoldur bu."[149]

"Ey iman edenler! Sizden kim dininden dönerse, Allah öyle bir cemaat (topluluk) getirir ki, Allah onları sever, onlar da Allah'ı severler; mü'minlere karşı çok müşfik ve mütevazı, kafirlere karşı ise çetindirler.. Onlar Allah yolunda mücahede ederler ve kınayanlardan da çekinmezler."[150]

Güzel ahlâka sahip çıkmaktan daha büyük vazife yoktur:

Yeryüzünde irşad, tebliğ, cihad ve güzel ahlâka sahip çıkmaktan daha büyük bir vazife yoktur; olmuş olsaydı, Allah ısmarlama seçip gönderdiği peygamberlerine o vazifeyi yüklerdi. İrşad, güneş gibi doğup insanlığı aydınlatacak, Allah'ı tanıtacak, insanları saflaştırıp özlerine erdirecek, peygamberler için en yüce paye, Allah indinde en nezih ve kutsi meslek ve vazife olup, Hazreti Âdem'den beri bu davete icabetle, aynı vazifeye sahip çıkan herkes bu noktada Peygamber'e iştirak etmiş ve onunla aynı sofraya oturmuş olur. Her iş çapına, ehemmiyetine ve ağırlığına göre, o seviyedeki insanlara gördürülür; işte, Allah'ın adını yüceltmek peygamberin işidir. İrşad ve tebliğ şeairdendir; yani İslam'ın alametlerinden (sembollerinden) ve nişanelerindendir.

Güzel ahlâka sahip çıkma vazifesini terkedenler zelil ve helak olmuşlardır:

Allah, bu vazifeyi terkedip, sefahet ve dalalete saplanan milletleri zelil ve helak etmiştir. İlahi kanundur bu... İşte Bizans, Pompei, Yunan... Sahih-i Müslim'de Peygamberimiz, *"Bir kimse hayatında din-iman adına hiç bir gayret göstermeden ve mücahede (çalışma..) yapmadan ölürse nifak, münafık şaibesi ve fesatçılık ayıbı ile ölmüş gibidir!"* buyurur.

İrşad ve tebliğ farzlar ötesinde farz mesabesindedir (değerindedir):

---

[149] Âli İmran Suresi, 3/104.
[150] Mâide Suresi, 5/54.

İrşad ve uyarma vazifesi yapılmadığı takdirde, duran çok şeylerle beraber farz namaz da durur. Dolayısıyla, bu vazife, belli şahıs veya zümrelerin inhisarına (tek eline) bırakılamaz. Nasılsa sahip çıkanlar var deyip, üzerinden atmaya çalışan bir müminin kalbinin atıp atmadığından şüphe edilir.

Gaye, Allah'ın rızasını kazanmaktır:

En birinci hedef ve gayemiz, başka hiçbir şey değil, sadece ve sadece Allah ve Elçisi'nin anlatılması, sevdirilmesi, her söz ve davranışımızda Allah'ın rızası ve hoşnutluğunun aranmasıdır. Buna ihlas ve samimiyet de diyebiliriz. Allah rızası gözetilmeden yapılan irşad ve tebliğ, ruhsuz ceset gibidir. İç derinliğimiz, murakabemiz (iç kontrolümüz) ve rabbimizle kavi ve sağlam bir münasebetimiz yoksa, zaten müessir de olamayız.

Güzel ahlâka sahip çıkma vazifesinin bir diğer esası, söz ve eylem birliğidir:

Söylediğimizi yaşayacak, yaşadığımızı söyleyeceğiz. Her şeyden önce, Yaratıcı'nın emirlerini nefsimizde en yüksek derecede temsile çalışmalı, hayatımızda ışıl ışıl Kuran parlamalı ve anlatacaklarımız yaşadıklarımıza tercüman olmalıdır. Işık/nur olacağız; meşalemiz olacak ki, başkasını aydınlatabilelim.

Çok boyutlu olan bu cihad (güzel ahlâka sahip çıkma) işi, her hal ve vaktin gereğine (şartlarına) göre yerine getirilmelidir:

Vazifemizin adı cihadtır (güzel ahlâka sahip çıkmaktır). Ve çok boyutlu bir mefhumdur (kavramdır). Kılıç, ölünceye kadar süren bir cehd ve gayretler zincirinin halkalarından sadece biri olup, yeri ve zamanı gelmeden kullanılmaz. Ve, yeri geldiğinde onu kullanacak bileğin damarları da gönülden geçer. Cihad, hadisin beyanıyla *'Büyük'* ve *'Küçük'* olmak üzere ikiye ayrılır; bunların biri (küçük cihad) maddi ve dışa doğru, diğeri (büyük cihad) ise manevi ve içe doğrudur. Biri, içte murakıb (gözetleyci) göz, diğeri dışta gözetleyen (murakıb) göz. Biri nefse, diğeri topluma. Biri içte öze erme fethi (açılımı), diğeri dışta gerilime geçip (sebepler çerçevesinde her türlü hazırlıkları dikkate alarak), gönüllerin ve icap ettiğinde kalelerin ve surların fethi. Esasen bu her iki yüzde de öze erme, erdirme, yani temizlenme ve insanlığın saflaşması vardır. Nasıl ki sudaki daireler daima merkezden yayılır ve bu demektir ki, dış içe muhtaçtır; kalb ve kalıp birliği şarttır. Bu iki cihad; Allah'ın rızasını kazanma şekli birer kanat gibidir ki, birinde arıza oldu mu, diğeri de fazla işe yaramaz ve insan (insan olmuş olmanın altına..) düşer.

Cihad deyince sadece yürüme, vurup kırma ve ele geçirme anlaşılıyor. Ruh ve kalb hayatı ihmal edilip, iç derinlik ve Allah ile münasebet düşünülmüyor. Benlik yıkılmamış ve geceler aydınlatılmamışsa, sabah namazı kazaya kaldığında yemek iştahı kaçmıyorsa, yani içe doğru inme ve erme (olgunlaşma) ihmal edilmiş de, mesele diyalektik, münazara, münakaşa, tenkid, çürütme ve üst olmada boğulup kalmışsa, o zaman bütünün bir yanına müthiş bir felç gelmiş demektir. Diğer taraftan, sadece nefis terbiyesi, gönül lezzeti zikir ve tesbih deniyor ve dışta irşad adına gönülleri erdirme yolunda hiç bir gayret gösterilmeyip mistiklik adına toplumdan uzaklaşılıyor ve müesseseler, kurum ve kuruluşlar kaderine terkediliyorsa, o zaman da bütünün öbür yanına müthiş bir felç gelmiş demektir. Her sahada olduğu gibi, bu sahada da dengeyi *"Denge Sultan'ı Hz. Muhammed'ten"* öğrenmeli ve bu gayeyle Mekke ve Medine dönemleri çok iyi mütalaa ve çok iyi etüt edilip gereğince anlaşılmalıdır.

Şu halde, cihad şümullü ve rengarenktir, birisine at verip imana, ibadete ısınması için camiye, sohbete getirmekten, malla zekat verip hacca gitmekten, askerlere teçhizat almaktan, talebeye burs verip kalem, defter almaya; orada mektep temeli atmaktan, yolda birine dini hakikatleri anlatmaya kadar; yani, her halin gereğine göre ayrı bir cihad şekli vardır. Yerinde yazıyla, yerinde dille, yerinde binekle, yerinde malla ve yerinde hal diliyle...

İrşad ve tebliğ nasıl bir vazifeyse, tekniğine uygun yapılması da aynı şekilde bir vazifedir:

En basit işlerde, mesela ticarette ve çiftçilikte bile bir hedef, gaye-netice, işin teknik safhası plan ve projesi bulunur. Şimdi hal böyle iken, en büyük mesele olan imanın kurtulması, kalblerin huzura kavuşması, Cennet yollarının açılması ve bir milletin saadet ve selamete ulaşması içinde ciddi bir plan, proje ve ihtimamın (özenin) olmaması düşünülebilir mi? Bu yolda hesapsızca ve tekniğinden uzak atılan adımların fayda ve muvaffakiyet (başarı) derecesi ne olacaktır ki? Kainatta belli bir denge, plan ve proğram vardır. Öyleyse mümin (inanan kimse), bu vazife de basiretli olacak bilinçle ve sistematik bir planla işin içine girecektir. Devrin şartlarında peygamber kokan kalp ve kafa lazımdır.

Peygamberler Peygamberi Hz. Muhammed'in hareket tarzını iyi kavramak gereklidir:

Mesala, Hazreti Peygamber'in: *"Kim Kehf Suresi'nin başından ve sonundan on ayeti hıfzederse, deccalin fitnesinden korunur..!"* ifadesindeki "hıfzederse" manasını doğru anlarda gereğini yerine getirirse deccalin fitnesinden korunmuş olur...

Hz. Peygamber sanki *"...deccaldan korunma yolu; Kehf Suresi ilk on (başlarında) veya son on ayetinde saklıdır,"* demek ister.

Bu vazifeyi tekniğine uygun eda edebilmek için, hak neticeye götürecek hak vesileler manasına gelen elçilerin Elçi'si Hz. Muhammed'in çıkış noktalarını ve hareket tarzlarını iyi kavramak lazımdır. Efendimiz'in hayatında; bir kere olsun, isabetsiz bir söz veya davranış yoktur. Onun içindir ki hayatında attığı tek bir adımı olsun geriye alma lüzumunu duymamıştır.

Müslümanlık bir hak dava ise, şehbal açıp kanatlanması da batıl vesilelerle değil, hak vesilelerle olacaktır. Neticeye götürücü her vesileyi mübah görmek ve batıl vasıta ile netice ummak bir kafir sıfatıdır...

Huzursuzluk çıkararak huzur sağlanmaz. Gönüllerin salah ve huzuru gönüllere girmekten ve *"Gönüller Sultanı'nın"* çıkış noktalarına ve hareket tarzlarına bütünüyle tabi olmaktan geçer. Muhabbetten husumete vakit bulamama, sulh ve asayişin savunucusu ve muhafızı olma, emniyet kuvvetleri ve askerlerin yardımcısı olarak kalma, gönüllere girmeyi dert edinenlerin işidir. Bize lazım olan, başkalarının küfür, dalalet ve günahlarının kritiğini yapmak değil, kendi nefislerimizin muhasebesi ve vazifemizi hakkıyla eda etmek kaygısıdır.

Bu vazifeyi yaparken son derece şefkatli, merhametli, yumşak ve müsamahalı olmak ve muhabbette zirve noktayı tutmak lazımdır. Günümüzde, elinden tutulmaya, tatlı tatlı anlatıp, düşüncesine hitap edilmeye ve hidayete erdirilmeye muhtaç yığınlarca insanlar vardır. Hususiyle, ekseriyetinin fıtrat ve kabiliyetleri de müsaittir. Bu insanlara sert davranmak, kaldığın yerde kal demekle eş anlamlıdır. Kuran'da Hazreti Musa'ya Firavun karşısında bile *"yumşak sözlü"* olması emredilir.

Peygamberimiz'e de, hem de Uhud Savaşı gibi çetin bir sınavın ardından: *"Allah'tan bir fazl ve olgunluk ile onlara yumşak davrandın. Eğer haşin ve sert olsaydın (ki değilsin) etrafından dağılıp giderlerdi"*[151] hitabında bulunmaktadır. Çok ayetlerde de tavsiye edilen 'Afv' (bağışlama) yoludur.

Peygamber Efendimiz:

"Müjdeleyin, nefret ettirmeyin; kolaylaştırın, zorlaştırmayın. Ben insanları idare etmekle emr olundum,"[152] buyurmaktadır.

Mümine ve kazanılmaya müsait olanlara mülayim, müsamahalı ve insancıl davranma, kafire ve katı kişilere mantıki ve yolunca yaklaşıp, idare etmeyi bilme çok mühimdir. Her hâlükarda gözetilecek husus, mutlaka herkese hak ve hakikatı intikal ettirilebilecek bir menfez ve açık pencere bulundurmaktır.

---

[151] Âl-i İmran Suresi, 3/159.
[152] Buhârî, İlim 12, Cihad 164; Müslim, Eşribe 70-71.

Bütün dini hakikatleri anlatmadan önce karşıdakini dinleyip sonra anlatmak ve kişinin iç durumunu tespit ile, hemen ibadeti ve sakınılması gerekli olan alışkanlıklarla günah mevzularını sırtına yüklemeden önce iman meselelerini nakletmek gerekir. Bu bir taviz değildir. Nasıl namaz, Efendimiz'in elçiliğinin sekizinci yılında farz kılınmışsa ve çocuğun yaşına göre beslenip, ders tahmili ve sorumluluk yüklenmesi şartsa, önce boş kalbin doyurulup marifetle (vahiy desenli bilgiyle) tezyin ve süslenmesi esastır. Yoksa inançsıza "Kabul etsin, gelsin" diye, "Namaz kılmasan da olur!" diyemeyiz. Şahsından dolayı münasebet (diyalog) caiz olmayan kafire karşı, kalben buğuz etmekle beraber, yaklaşma ve temas durumunu da korumasını bilmeliyiz. Yani muhabbet fedaileri olarak, vurana elsiz, sövene dilsiz ve aynı zamanda gönülsüz olmak mecburiyetindeyiz. Bırakın yumrukla karşı çıkmayı, dilimizde bile dikenler değil, güller açacak ve güller kokacaktır.

Yoksa, Efendimiz dahil hiçbir peygamberin insanları döverek ve keserek yola getirdiği görülmüş değildir; belki böyle davranışla Musa'nın dünyaya geldiğini kahinlerden öğrenip, kök kurutma adına yeni doğan erkek çocuklarını acımasızca boğazlayan Firavun'da ve onun gibi olanlarda görülebilir. Kalp ve fikri tatminsizlik içinde bulunan insanlara yumruk ve yılan dili gösterme, zaten mahrum olan kalp ve kafaların tatmin ve hidayet yollarını tıkama demektir!

Görüldüğü gibi bu ihya hareketi yapılmadığı takdirde nasıl dünya ve ahirete ait sorumluluklarla karşı karşıya kalıyoruz. Ya bu kutlu işin altına girip vazifesini hakkıyla yapmış azizlerden olacağız. Ya da başlarda dolaşan bir kara bulut gibi bu ahir zaman fitnesi, bir yolunu bulup içimize sızacak ve yaş-kuru demeden hepimizi zillete itecektir.

Herstellung und Verlag:
BoD - Books on Demand, Norderstedt
ISBN 978-3-7431-6471-0